THE SIMPLE WAY TO LEARN SPANISH

2

CARLOS SOARES

All rights reserved.

Copyright © 2018 by Carles Soares

No part of this book may be reproduced or transmitted in any form or by any means, electronic or mechanical, including photocopying, recording, or by any information storage and retrieval system, without permission in writing from the publisher.

This edition contains the complete text

of the original hardcover edition.

NOT ONE WORD HAS BEEN OMITTED.

THE SIMPLE WAY TO LEARN SPANISH 2

A Bad Creative Book / published by

arrangement with the author

BAD CREATIVE PUBLISHING HISTORY

The Simple Way To Learn French published March 2016

The Simple Way To Learn French 2, published March 2017

UPCOMING WORKS

The Simple Way To Learn Chinese, 2018

ISBN-10: 1981138137 ISBN-13: 978-1981138135

Vol. 1

Vol. 2

ALSO AVAILABLE IN

- AUDIO
- HARDCOVER
- E-BOOK

FORMATS

SOCIAL #TheSimplestWay2 #LearnSpanish #BadCreativ3

CONTENTS

CHAPTER 1 - VERBS - INFINITIVE

VERBS - PLURAL PERFECT

VERBS - GERUND / FUTURE

VERBS - PRESENT SUBJUNCTIVE

VERBS - CONDITIONAL

VERBS – PAST CONDITIONAL

VERBS - PAST SUBJUNCTIVE

CHAPTER 2 - PASSIVE VOICES

CHAPTER 3 - PREPOSITIONS

CHAPTER 4 - ABSTRACTS

CHAPTER 5 - NATURE

CHAPTER 6 - MATERIALS

CHAPTER 7 - THE ARTS

CHAPTER 8 - MEASURES

CHAPTER 9 - MEDICAL

CHAPTER 10 - POLITICS

CHAPTER 11 - EDUCATION

CHAPTER 12 - IMPERATIVES

CHAPTER 13 - SCIENCE

CHAPTER 14 - TRANSPORT

CHAPTER 15 - ECONOMICS

CHAPTER 16 - SPORTS

CHAPTER 17 - SPIRITUALITY

CHAPTER 18 - FLIRTING

CHAPTER 19 - IDIOMS

FOREWORD

In book one, we established the idea that language is an essential aspect of the human condition and provided you with the basics for learning some conversational Spanish. In book two, we expand upon this by introducing you to other aspects of grammar which may not have been previously covered. Again, we find ourselves asking questions like "Where can I buy some empanadas?" "Who is the new president of Spain?" or "How much do we pay to watch a game at the Camp Nou?" We may not have the answers, but we can help you ask the questions, in the simplest of ways.

Like its predecessor, this book contains a lexicon of some of the most used words in everyday Spanish conversation. It makes use of the age-old learning techniques of repetition and rote memorization, to condition the brain for learning Spanish as quickly as possible. In addition, an auxiliary feature called story mode has been included to aid the reader in a test for comprehension.

Finally, it should be noted that while this book will aid in a visual recognition and comprehension of words in the Spanish language, students must also understand their proper pronunciations. To help with this, there is an accompanying audiobook that will be made available, to enable listening lessons.

And so, from the beautiful city of Madrid, the city of love and all things fashionable, we present to you, The Simple Way To Learn Spanish 2.

HOW TO USE THIS BOOK

1. This line is the training line (or T-Line if you prefer)

TRAINING TIME

   It represents the end of a set of 25 words to memorize, or the end of a story.
2. You are required to cover the right side of the book & attempt to translate the left side, off hand.
3. Each correct translation carries 1 point. Words after the T-line but not up to 25, are considered as bonuses.
4. Do not proceed to the next batch until you have scored twenty-five points
5. The story modes are designed to help you understand the usage of the words in sentences, so be sure to score high on the training, to fully comprehend the stories.

Now that you know the rules,

Let us begin.

Chapter 1

VERBS - INFINITIVE

Keywords: Predicir, empujar, conocerme, construir, evitar, juzgarme, ingrese, disminuya.

He likes to build things	Le gusta construir cosas
It is difficult to predict	Es difícil de predecir
I am going to prevent that	Yo evitaré eso
It is better to avoid that zone	Es mejor evitar esa área
She wants to meet me	Ella quiere conocerme
Thanks for not pushing	Gracias por no empujar
I feel bad as you can see	Me siento mal como puedes ver
Often, there were dangerous movements to avoid	Por supuesto, hubo movimientos peligrosos para evitar
They grow fruit and vegetables	Cultivan frutas y verduras
After one month, I could observe real progress	Después de un mes, pude ver un progreso real
I like to plan meals	Me gusta planificar comidas
I do not have time to meet you	No tengo tiempo para conocerte
To be avoided after meals	Para evitar después de las comidas
I cannot move anymore	No puedo moverme más
You can enter	Puedes entrar
You cannot go out	No puedes salir

I have to send out letters	Tengo que enviar cartas
I am going to resolve the problem	Resolveré el problema
This is hard to decrease	Esto es difícil de disminuir
Who is he to judge me?	¿Quién es él para juzgarme?
She is going to fill her hat with apples	Ella va a llenar su sombrero con manzanas
She was about to go out	Ella estaba a punto de irse
May I come in?	Puedo pasar?
No, we are going to resolve this	No, solucionemos esto
You cannot move	No puedes moverte

TRAINING TIME

I have a small suit case to fill	Tengo una pequeña maleta para llenar
You can enter	Puedes entrar
It is still too soon to judge	Todavía es demasiado pronto para juzgar
She is going to protect her husband	Ella va a proteger a su marido
I like to exercise	Me gusta ejercitarme
You have to decide	Tu tienes que decidir
I cannot stand it anymore	No puedo soportarlo más
Hard to refuse	Difícil de rechazar
She did not give me time to think	Ella no me dio tiempo para pensar
I have to set my watch ahead by five minutes	Tengo que adelantar mi reloj por cinco minutos
How much time to replace the mirror?	¿Cuánto tiempo para reemplazar el espejo?

I cannot decide today	No puedo decidir hoy
I cannot stand this noise	No soporto este ruido
She is going to protect her baby	Ella va a proteger a su bebé
I do not want to put up with that noise	No quiero soportar ese ruido
It is hard to describe	Es difícil de describir
They are going to close the window	Ellos van a cerrar la ventana
You can get up	Puedes levantarte
This file needs to be verified	Este archivo debe ser verificado
It will be easy to organize	Será fácil de organizar
I am going to check that	Voy a verificar eso
They are going to close the restaurant	Ellos van a cerrar el restaurante
That is not going to be easy to organize	Eso no va a ser fácil de organizar

TRAINING TIME

I cannot describe this lamp	No puedo describir esta lámpara
You are going to break the window	Vas a romper la ventana

You are going to inspect this car	Vas a inspeccionar este auto
I do not want to give up	No quiero rendirme
I want to tell you everything	quiero decirte todo
I think he is going to succeed	Creo que va a tener éxito
You have to cite this author	Tienes que citar a este autor
They are going to support your efforts	Van a apoyar tus esfuerzos
It is useless to talk with her	Es inútil hablar con ella
He likes to tell funny stories	Le gusta contar historias divertidas
Her son is sure to succeed	Su hijo está seguro de tener éxito
It is sometimes hard to control our feelings	A veces es difícil controlar nuestros sentimientos
Sorry, I cannot support you anymore	Lo siento, no puedo apoyarte más
They have to abandon the city	Tienen que abandonar la ciudad
They want to adopt a baby	Quieren adoptar un bebé
He has to spend less	Él tiene que gastar menos
I am ready to start	Estoy listo para empezar
I am going to go with you	Voy a ir contigo
Sorry, I have to use the phone	Lo siento, tengo que usar el teléfono

We have to contact our customers	Tenemos que contactar nuestros clientes
This is difficult to complete	Esto es difícil de completar
The car does not want to start	El carro no quiere comenzar
We have decided to adopt your idea	Hemos decidido adoptar tu idea
Sorry, I have to make a phone call	Lo siento, tengo que hacer una llamada telefónica
I just finished a letter	Acabo de terminar una carta

TRAINING TIME

To start the car	Para arrancar el carro
How much does he want to spend?	¿Cuánto quiere gastar?
They want to adopt a baby	Quieren adoptar un bebé
You can contact me if you have a problem	Puedes contactarme si tienes un problema
I do not like to use the phone	No me gusta usar el teléfono
I want to spend less Without telling anyone?	Quiero gastar menos Sin decirle a nadie?

I like to walk my dog	Me gusta pasear a mi perro
They can return to France	Ellos pueden regresar a Francia
I have nothing to hide	No tengo nada que esconder
I can accept the car	Puedo aceptar el auto
You will divide the cake into four	Usted dividirá la torta en cuatro
I cannot accept this work	No puedo aceptar este trabajo
I am going to warn your father	Voy a advertir a tu padre
I like to hide	Me gusta esconderme
You can turn around now	Puedes dar la vuelta ahora
I am coming to share this moment with you	Vengo a compartir este momento contigo
She is going to accept	Ella va a aceptar
She is going to defend her husband	Ella va a defender a su marido
You will continue eating	Continuarás comiendo
He is going to start soon	Él va a comenzar pronto
I can lend you my car	Puedo prestarte mi auto
A little robot comes to save them	Un pequeño robot viene a salvarlos
I want to borrow this book	Quiero tomar prestado este libro
That can start now	Eso puede comenzar ahora

TRAINING TIME

We have to continue!	¡Tenemos que continuar!
I am coming to save your cat	Vengo a salvar a tu gato
We want to protect the animals	Queremos proteger a los animales
Can you lend me your pen?	¿Puedes prestarme tu pluma?
I think I have read that	Creo que he leído eso
I have to come back before midnight	Tengo que regresar antes de la medianoche
I am not sure I liked his idea	No estoy seguro de que me haya gustado su idea
Do you think you have finished in time?	¿Crees que has terminado a tiempo?
He seems to have finished his work	Él parece haber terminado su trabajo
My mother said she liked her present	Mi madre dijo que le gustaba su presente
He cannot have read this book	Él no puede haber leído este libro
They say they got married last year	Dicen que se casaron el año pasado
We are happy that we came	Estamos felices de haber venido

TRAINING TIME

STORY MODE

SPANISH

Michelle: "¿Por qué tienes que irte? Te voy a extrañar mucho".

Niko: "Te voy a extrañar también, "pero no hay necesidad de preocuparse porque siempre vamos a estar juntos, no importa a donde vaya, te llamaré cada semana".

Michelle: "Mi cumpleaños llegará pronto, y no estoy seguro si puedo estar sin ti, quiero compartir este momento contigo, mi amor, pediré una transferencia lo más pronto posible".

Niko: "Te voy a extrañar también, pero no hay necesidad de "No hay problema, mi amor, pero la distancia entre aquí y mi nueva escuela está muy lejos".

Michelle: "¿Piensas reemplazarme tan pronto?"

Niko: "Te voy a extrañar también, pero no hay necesidad de "Por supuesto que no, ¿cómo puedo?"

Michelle: "Déjame ser el juez de la distancia, porque mi corazón está realmente conectado con el tuyo ahora".

Niko: "Te voy a extrañar también, pero no hay necesidad de "Está bien, puedes venir, pero asegúrate de dividir el pastel en cuatro partes, porque voy a tener dos compañeros de cuarto en mi nuevo destino".

ENGLISH

Michelle: "Why do you have to leave? I'm going to miss you a lot."

Niko: "I'm going to miss you too, but there's no need to worry because we'll always be together, no matter where I go, I'll skype you every week."

Michelle: "My birthday is coming soon, and I'm not sure If I can be without you, I want to share this moment with you, my love, I'll ask for a transfer as soon as possible."

Niko: "No problem my love, but the distance between here and my new school is very far."

Michelle: "Do you intend to replace me so soon?"

Niko: "Of course not, how can I?"

Michelle: "So let me be the judge of distance, because my heart is really connected to yours now."

Niko: "It's good, you can come, but be sure to divide the cake into four parts, because I'm going to have two roommates at my new destination."

VERBS - PLURAL PERFECT

Keywords: Pasado, agregado, usado, aceptado.

I had added milk	Yo había agregado leche
I had known her cousin	Yo había conocido a su primo
You had accepted that	Usted había aceptado eso
The objects that he had used	Los objetos que había usado
She had offered me tea	Ella me había ofrecido té
What results had she got?	¿Qué resultados tuvo ella?
We had accepted it	Lo habíamos aceptado
They had added his name	Ellos habían agregado su nombre
These are the documents that you had obtained	Estos son los documentos que has obtenido
She had known her uncle	Ella había conocido a su tío
We had returned to France	Habíamos regresado a Francia
I had called the doctor	Llamé al doctor
Later, you had come	Más tarde, habías venido
I had passed by here	Yo había pasado por aquí
She had kept quiet	Ella había guardado silencio
This is the teenager that we had called	Este es el adolescente que habíamos llamado

STORY MODE

SPANISH

Jefe: "Escribí una carta ayer, si solo hubieras estado allí, la hubieras visto".

Paco: "Una vez que la Senora. Carew me ofreció té, eso significaba que tenía que escuchar una de sus historias terriblemente largas, así que dejé el edificio a la menor oportunidad".

Jefe: "Así es, supongo ... Una vez que comienza, nunca puedes detenerla ... De todos modos, ¿cómo estás?" Me di cuenta de que sigues yendo temprano y tarde en los últimos días".

Paco: "Todo está bien señor, acabo de aprobar los exámenes de certificación de Simpleway, con el trabajo de traducción que tengo que hacer aquí, solo tuve tiempo al principio y al final de los turnos para estudiar".

Jefe: "Espléndido, ya sabes, esa es otra buena idea que trajiste a esta compañía, si lo hubiera sabido antes, te hubiera dado más tiempo libre, es una certificación útil, y debes agregar esta editorial".

Paco: "Me siento honrado señor, ¿entonces voy a tener un aumento salarial por eso?"

Jefe: "No, todavía no, pero llegará pronto, puede estar seguro".

ENGLISH

Boss: "I wrote a letter yesterday, if only you had been there, you would have seen it."

Paco: "Once Mrs. Carew offered me tea, it meant I had to listen to one of her terribly long stories, so I left the building at the slightest opportunity."

Boss: "That's right, I guess ... Once she's started, you can never stop her ... Anyway, how are you?" I noticed that you keep going early and late in recent days."

Paco: "All is well sir, I just passed the Simpleway certification exams, with the translation work I have to do here, I only had time at the beginning and end of the shifts to study."

Boss: "Splendid, you know, that's another good idea that you brought to this company, if I knew earlier, I would have given you more free time, it's a useful certification, and must add this publishing house."

Paco: "I'm honored sir, so am I going to have a salary increase for that?"

Boss: "No, not yet, but it's coming soon, rest assured."

VERBS - GERUND / FUTURE

Keywords: Descanso, diciendo, actuando.

He is going to kill us by acting like that	Él nos va a matar al actuar así
As a child, he was rather slim	Cuando era niño, era bastante delgado
He left saying nice things	Se fue diciendo cosas bonitas
In doing so, people use less water	Al hacerlo, las personas usan menos agua
One cannot live while being afraid of dying	No se puede vivir temeroso de morir
That being said, you are right	Dicho esto, tienes razón
People were more effective by acting together	Las personas fueron más efectivas actuando juntas
Given your condition, you need some rest	Dada tu condición, necesitas un poco de descanso
By saying that, you may gain their trust	Al decir eso, puedes ganar su confianza
I will not be free tomorrow	No seré libre mañana
It will be nice tomorrow	Será bueno mañana
There will be nothing to see	No habrá nada que ver
They will be able to drink	Ellos podrán beber
So I will have to make a choice	Entonces tendré que hacer una elección

TRAINING TIME

STORY MODE

SPANISH

"¿Te estás divirtiendo?", Preguntó la guía del parque.

"Estar aquí siempre ha estado en mi lista de cosas que hacer, así que por supuesto que sí. Para mí, la acción siempre es mejor de lo que se dice, así que mostraré lo que siento con un backflip", dijo Johnny Monfils.

La respiración de Johnny fue dura después de los volteos. No había hecho ejercicio durante mucho tiempo, y eso tuvo un efecto obvio en él.

"Nosotros, en Simpleland, París, estamos felices de ser parte de su alegría, señor, ¿cómo podemos ayudarlo?", Replicó la guía, mientras apretaba ambas manos.

"Bueno, hacer una película y paracaidismo también están en la parte superior de la lista", dijo Johnny.

"El paracaidismo es bastante arriesgado, pero de donde vengo, tenemos un dicho, 'No podemos vivir cuando tememos a la muerte'. "Tal vez nuestra experiencia en la montaña es un buen sustituto de la diversión que estás buscando". dijo la guía.

"Eso hará por ahora. ¿Dónde está?" Preguntó Johnny.

"Hay en el oeste, señor". la guía señaló.

- oo O oo –

Barrister Livwell : "Estos son los términos de su libertad condicional, entregados por el juez Bennett".

1. "Todavía necesitarás tener esta tobillera contigo, así podremos rastrear tus movimientos durante el período de prueba".

2. "No hará ni intentará hacer nada que pueda constituir una molestia pública, dentro del límite de tiempo de su libertad condicional".

3. "Volverá al perímetro de las instalaciones asignadas en el momento que le indique su oficial de libertad condicional".

4. "Cualquier violación de las reglas antes mencionadas significa que tendremos que revocar su fianza, y usted será enviado de regreso a prisión".

Barrister Livwell : "¿Los términos son claros para usted?"

Antonio : "Sí, señor, entendido".

Barrister Livwell : "Bueno, ahora intenta mantenerte fuera de problemas".

ENGLISH

"Are you having fun?" asked the park guide.

"Being here has always been on my list of things to do, so of course I am. For me, the action is always better than what is said, so I will show what I feel with a backflip." said Johnny Monfils.

Johnny's breathing was hard after the flips. He had not exercised for a long time, and that had an obvious effect on him.

"We at Simpleland, Paris, are happy to be part of your joy, sir, how can we help you?" The guide replied, while squeezing both hands together.

"Well, making a movie and skydiving are also at the top of the list." said Johnny.

"Parachuting is pretty risky, but where I come from, we have a saying, 'We can not live when we are afraid of death.'" "Maybe our mountain experience is a good substitute for the fun you're looking for." said the guide.

"That will do for now. Where is it?" Johnny asked.

"There in the west, sir." the guide pointed.

- oo O oo –

Barrister Livwell: "These are the conditions of your parole, as delivered by Justice Bennett."

1. "You will still need to have this anklet on you, so we can track your movements during the parole period."

2. "You will not, or will attempt to do anything that could constitute a public nuisance, within the time limit of your parole."

3. "You will return to the perimeter of the assigned premises at the time prescribed by your Parole Officer."

4. "Any violation of the aforementioned rules means that we will have to revoke your bond, and you will be sent back to prison."

Barrister Livwell: "Are the terms clear to you?"

Antonio: "Yes sir, understood."

Barrister Livwell: "Good. Now try to stay out of trouble."

VERBS - PRESENT SUBJUNCTIVE

Keywords: Aunque, viva, vida, reaccione.

Even though	Aunque
It is necessary that they see my sister	Es necesario que vean a mi hermana
It is good that you are here	Es bueno que estés aquí
He is the only one who needs to move	Él es el único que necesita moverse
It seems she is unable to come	Parece que ella no puede venir
I am not sure that you can see details from a distance	No estoy seguro de que pueda ver los detalles desde la distancia
He has to see his son	Él tiene que ver a su hijo
I want them to be my friends	Quiero que sean mis amigos
She is the only one who has a car	Ella es la única que tiene un auto
We are glad that he has a lawyer	Estamos contentos de que él tiene un abogado
It is necessary that they see our cousin	Es necesario que vean a nuestro primo
Long Live Spain	Viva España
It is necessary he close the window	Es necesario que cierre la ventana
They need to get serious	Ellos necesitan ponerse serios
I do not want you to do it	No quiero que lo hagas
It is strange for her to say that	Es extraño que ella diga eso
It is important that she travels more	Es importante que ella viaje más

It is important that you look for a job	Es importante que busque un trabajo
It is important that she live	Es importante que ella viva
I am not sure that he is doing his work	No estoy seguro de que esté haciendo su trabajo
Mom wants you to close the window	Mamá quiere que cierres la ventana
I am pleased you travel in this season	Me complace que viaje en esta temporada
I am sorry that they are closing the store	Lamento que estén cerrando la tienda
It is good that you are living here	Es bueno que estés viviendo aquí
We do not want you to react badly	No queremos que reaccionen mal

TRAINING TIME

It is a sturdy bag for carrying your books	Es una bolsa resistente para llevar tus libros
He is going to train before the summer comes	Él va a entrenar antes de que llegue el verano
It is necessary that he enter quickly	Es necesario que ingrese rápidamente

STORY MODE

SPANISH

Nelson: "Aunque a menudo digo que no, sé que es difícil encontrar un trabajo en esta recesión, por lo que en un espíritu de hermandad, dejaré dinero para comprar comida, pero no siempre, y luego debes encontrar una forma legal de obtener hasta el final del mes y ser autosuficiente".

Lisa: "No hay problema, hermano mayor, gracias".

ENGLISH

Nelson: "Even though I often say no, I know it's difficult to find a job in this recession, so in the spirit of brotherhood, I'll leave money to buy food. But I will not always do so. And so you have to find a legal way to make ends meet, and be self-sufficient."

Lisa: "No problem big brother, thank you."

VERBS - CONDITIONAL

Keywords: Podría, debería.

One would say that he is rich	Uno diría que él es rico
Without it, I would be right	Sin eso, estaría en lo cierto
You should sleep, my son	Deberías dormir, mi hijo
He would make a good husband	Él sería un buen esposo
We should eat now	Deberíamos comer ahora
I think that we could be good friends	Creo que podríamos ser buenos amigos
What would you be able to do for love?	¿Qué podrías hacer por amor?
I should go to bed	Debería irme a la cama
We would have it	Lo tendríamos
There might be three or four of them	Puede haber tres o cuatro de ellos
I would say that you are twenty	Yo diría que tienes veinte años
If I were in good health, I would be happy	Si tuviera buena salud, sería feliz
No other man could do my work	Ningún otro hombre podría hacer mi trabajo
My friends would like to go	Mis amigos quisieran ir
That woman would be going to France	Esa mujer iría a Francia
I would like to eat	me gustaría comer
She would like to sleep	Ella quisiera dormir

We don't know if our daughter would like this idea	No sabemos si a nuestra hija le gustaría esta idea
You would like to go	Te gustaría ir
I would like to drink milk	Me gustaría tomar leche
We would like to speak English with your students	Nos gustaría hablar inglés con tus estudiantes
Would you like to eat the same thing?	¿Te gustaría comer lo mismo?
Niko and Paco would like to go to Africa	Niko y Paco quisieran ir a África
I am not a bird, but I would like to be one	No soy un pájaro, pero me gustaría ser uno
Nowadays, she would certainly go to jail	Hoy en día, seguramente iría a la cárcel.

TRAINING TIME

STORY MODE

SPANISH

Senor. Llorente : "Joven, parece estresado, ¿está todo bien?"

Chico joven en el puente : "Lo sé, iría tan lejos como para decir que estoy deprimido".

Senor. Llorente : "¿Alguna razón en particular?"

Chico : 'Eso', dijo, entregándole un sobre marrón a Senor. Llorente.

Senor. Llorente : "¿Qué es eso?"

Chico : "Una lista de cosas que esperaba lograr en esta etapa de mi vida".

Senor. Llorente : "Ya veo, ¿cuántos años tienes?"

Chico : "Adivina".

Senor. Llorente : "Yo diría que diecisiete o dieciocho".

Chico : "Si dices diecisiete, estarías en lo cierto. Podría leer la lista en voz alta si quieres".

Senor. Llorente : "Por supuesto, adelante, estoy intrigado".

Chico : "Número uno. A la edad de dieciocho años, me haría un nombre".

"Número 2. A la edad de dieciocho años, iría a España o un país de habla hispana por un año".

"Número 3. A la edad de dieciocho años, habría hecho mi primer millón".

Por ahora, mi cumpleaños es la próxima semana y todavía estoy actualizando la lista."

Senor. Llorente : "Usted es un bromista o se preocupa innecesariamente. Muchos de nosotros tenemos objetivos que nunca alcanzaremos en la vida, muchos de nosotros no tenemos un millón o incluso mil".

Chico : "Lo sé. Pero la mayoría de los elementos de mi lista realmente solo dependen del número tres".

Senor. Llorente : "Bueno, ahora que sabe en qué concentrarse, empiece a trabajar, las cosas serán más claras y mejores, créame".

Chico : "Gracias por el discurso, lo necesitaba".

ENGLISH

Mr. Laurent: "Young man, you look stressed, is everything okay?"

Young boy on the bridge: "I know; I would go so far as to say that I am depressed."

Mr. Laurent: "It's not good to hear, any reasons in particular?"

Young Boy: "That." he said, handing a brown envelope to Monsieur Laurent.

Mr. Laurent: "What is it?"

Young Boy: "A list of things I had hoped to accomplish at this stage of my life."

Mr. Laurent: "I see, how old are you?"

Young Boy: "Guess."

Mr. Laurent: "I would say that you are seventeen or eighteen years old."

Young Boy: "If you say seventeen, you would be right. I could read them out loud if you want to hear."

Mr. Laurent: "Of course, go ahead, I'm intrigued."

Young Boy: "Number one: At the age of eighteen, I would make a name for myself."

"Number 2. At the age of eighteen, I would go to France or a French-speaking country for a year."

"Number 3. At the age of eighteen, I would have made my first million."

That's it for now, my birthday is next week, and I'm still updating the list."

Mr. Laurent: "You are either a joker, or you worry unnecessarily: many of us have objectives that we will never reach in life. Many of us do not have a million or even a thousand."

Young Boy: "But most of the items on my list depend on number three."

Mr. Laurent: "Well, now that you know what to focus on, start working, things will be clearer and better, trust me."

Young Boy: "Thanks for the chat, I needed that."

VERBS – PAST CONDITIONAL

Keywords: Reconocido, mirado, ofrecido, detenido.

He would have stopped us	Él nos habría detenido
You would have gone to the city hall	Hubieras ido al ayuntamiento
No, this would have been worse	No, esto hubiera sido peor
She would have recognized your car	Ella habría reconocido tu auto
We would have gone to the store together	Hubiéramos ido juntos a la tienda
We would have been ready	Hubiéramos estado listos
Without that, we would have recognized you	Sin eso, te habríamos reconocido
Those words would have been my last	Esas palabras habrían sido las últimas
I am sure that you would have been a very good physician	Estoy seguro de que habrías sido un muy buen médico
You would have gone to the village school	Hubieras ido a la escuela del pueblo
You would have paid less	Habrías pagado menos
She would have emphasized that	Ella habría enfatizado que
I would have presented a show	Hubiera presentado un espectáculo
We would have watched television after school	Habríamos visto televisión después de la escuela
He'd have offered us a drink	Él nos habría ofrecido una bebida

STORY MODE

SPANISH

Extraño 1 : "Odio decirlo, pero te lo dije.

Insistí específicamente en las palabras 'no lo mires', se habría ofrecido a comprarnos una bebida, o al menos habrías pagado menos".

Antonio : "Lo siento, todavía hay tiempo, todavía podemos regresar".

Extraño 1 : "No hay razón para eso, ya habrían mirado las cintas. Usted mostró miedo. No estabas listo para convertirte en esta persona cuando más se necesitaba".

"Fue bueno que paramos cuando lo hicimos, de lo contrario hubiéramos sufrido las consecuencias de ser capturados nuevamente".

Antonio : "Una vez más, lo siento".

ENGLISH

Stranger 1: "I hate to say it, but I told you so.

I specifically insisted on the words 'do not look at him', he would have offered to buy us a drink, or you would have at least paid less."

Antonio: "I'm sorry, there is still time, we can still go back."

Stranger 1: "There is no reason to, they would have already looked at the tapes. You showed fear. You were not ready to become this person when it was most needed.

"It was a good thing that we stopped when we did, otherwise we would have suffered the consequences of being captured again."

Antonio: "Once again, I'm sorry."

VERBS - PAST SUBJUNCTIVE

Keywords: Comido, demasiado, tenido, perdido.

We are happy that you have crossed the border	Estamos felices de que hayas cruzado la frontera
I do not think she prepared this stage	No creo que haya preparado esta etapa
It seems like she has been sick	Parece que ella ha estado enferma
It is the most beautiful dress that she has had	Es el vestido más hermoso que ella ha tenido
These are the only men that have been nice to us	Estos son los únicos hombres que han sido amables con nosotros
This is the most handsome man I have seen in a long time	Este es el hombre más guapo que he visto en mucho tiempo
I am sorry that you missed the meeting	Lamento que te hayas perdido la reunión
I am not sure you have had enough to eat	No estoy seguro de que haya comido lo suficiente
I do not think Niko waited too long	No creo que Niko haya esperado demasiado
It seems that they have been more precise	Parece que han sido más precisos
It seems that she has been sick	Parece que ella ha estado enferma
It is great that you have gone to Paris	Es genial que hayas ido a París
We like the idea that she went to the museum	Nos gusta la idea de que ella fue al museo
It is good that we have gone to the zoo	Es bueno que hayamos ido al zoológico

Is it possible that the husband returned before his wife?	¿Es posible que el esposo volviera antes que su esposa?
I did not understand that my niece had stayed in the garden	No entendí que mi sobrina se había quedado en el jardín
Their mother is afraid that they have gone out without their coats	Su madre tiene miedo de haber salido sin sus abrigos
Mom was happy that we had returned so early	Mamá estaba feliz de que hubiéramos regresado tan temprano
It was better for her to have died at home	Era mejor para ella haber muerto en casa
It is logical that you have gone first	Es lógico que hayas ido primero

TRAINING TIME

I doubted that he had finished his work	Dudaba de que hubiera terminado su trabajo
i was delighted when you accepted the offer	estaba encantado cuando aceptaste la oferta
I was happy when he left	Estaba feliz cuando se fue
I was sure that he would drive	Estaba seguro de que él conduciría
I wanted him to see the car at the station	Yo quería que viera el auto en la estación

TRAINING TIME

STORY MODE

SPANISH

"Dios mío, ¿qué ha pasado aquí?", Preguntó el detective.

"Murió esta mañana, era diabética", dijo Guillaime.

Señaló una imagen del difunto en la pared.

"Pensé que fue al médico esta semana", dijo el detective Henry.

"Nadie realmente sabe mucho, ella acaba de entrar, ella cayó al suelo, y eso fue todo. Pero es posible que fuera un mal diagnóstico, parecía muy serio.

Además, la familia comenzó una protesta, destruyendo todo lo que se veía, afirmando que no habíamos hecho lo suficiente. Podríamos demandarlos, pero el proceso legal sería largo, y no estoy realmente interesado".

"Lo discutiremos más tarde. Por ahora, descubriremos más", dijo el detective.

ENGLISH

"My God, what has happened here?" asked the detective.

"She died this morning, she was diabetic." Guillaime said.

He pointed a picture of the deceased on the wall.

"I thought she went to the doctor this week." said Detective Henry.

"Nobody really knows much, she just came in, she fell to the ground, and that was all. But it's possible that it was a bad diagnosis, it looked very serious.

Also, the family started a protest, destroying everything in sight, claiming we had not done enough. We could sue them, but the legal process would be long, and I'm not really interested."

"We will discuss it later. For now, we will find out more." said the detective.

Chapter 2

PASSIVE VOICES

Keywords: Adoptado, hecho, respetado, leído.

He is loved by his people	Él es amado por su gente
It is done by computer	Se hace por computadora
Has he been adopted by them?	¿Ha sido adoptado por ellos?
The child has been adopted by my uncle and my aunt	El niño ha sido adoptado por mi tío y mi tía
She was loved by everybody	Ella era amada por todos
Was your bed made?	¿Tu cama estaba hecha?
The cat has been adopted by nice people	El gato ha sido adoptado por gente agradable
He is adopted by a couple	Él es adoptado por una pareja
He is respected by all	Él es respetado por todos
That document was read by my father	Ese documento fue leído por mi padre
The wife is respected by her husband	La esposa es respetada por su marido
Old traditions were still respected	Las viejas tradiciones aún se respetaban
The newspaper is read by a wide audience	El periódico es leído por un público amplio

TRAINING TIME

STORY MODE

SPANISH

Pietr : "No se preocupe por marcar, todo se hace por computadora. Solo necesita una copia de sus credenciales. Una vez que mi virus lea la contraseña del registrador, podemos cambiar tanto como sea posible".

Alex : "Realmente respeto tus habilidades de pirateo".

Pietr : "Gracias, y si te gustan los videojuegos, podemos jugar el nuevo juego Adopted Suns, o FIFA si prefieres. Tengo ambos, y podemos jugar toda la noche si lo deseas".

Alex : "¿Puedo preguntar algo?"

Pietr : "Sí, por supuesto".

Alex : "¿Por qué no hicimos amigos antes?"

Pietr : "Yo tampoco sé, amigo mío, pero por ahora, todos los caminos conducen al patio de recreo".

* Risa compartida *

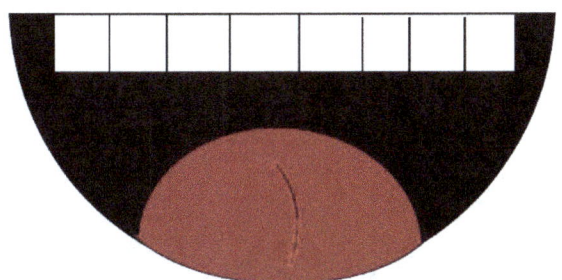

ENGLISH

Pietr: "Do not worry about the marking, everything is done by computer, just have a copy of your credentials. Once my virus reads the password of the registrar, we can change as much as possible."

Alex: "I really respect your hacking abilities."

Pietr: "Thanks, and if you like video games, we can play the new Adopted Suns game, or FIFA if you prefer. I have both, we can play all night if you wish."

Alex: "Can I ask something?"

Pietr: "Yes, of course."

Alex: "Why didn't we become friends earlier?"

Pietr: "I do not know either, my friend, but for now, all roads lead to the playground."

* laughs shared *

Chapter 3

PREPOSITIONS

Keywords: Hasta, en el medio de, fuera de, junto a, debes.

Until recently	Hasta hace poco
We are next to you	Estamos a tu lado
The bridge is next to the tower	El puente está al lado de la torre
I am going up to my daughter's house	Voy a ir a la casa de mi hija
This is because of this wolf	Esto es por este lobo
She is close to her children	Ella está cerca de sus hijos
So far, so good	Hasta aquí todo bien
The weather was fine until noon	El clima estuvo bien hasta el mediodía
He cannot work because of the snow	Él no puede trabajar debido a la nieve
He lives next door	Él vive al lado
The lion eats until night	El león come hasta la noche
In our opinion, they are bad	En nuestra opinión, son malos
I am in front of the bakery	Estoy frente a la panadería
What are you saying to me?	¿Qué me estás diciendo?
She found a mouse in the middle of her room	Encontró un ratón en el medio de su habitación
There is a new company outside the city	Hay una nueva compañía fuera de la ciudad
You have to stay close to your mother	Tienes que estar cerca de tu madre

According to my wife, yes	De acuerdo con mi esposa, sí
I am reading an English magazine	Estoy leyendo una revista inglesa
The two brothers are playing outside the house	Los dos hermanos están jugando afuera de la casa
I eat a lot of meat	Yo como mucha carne
It is beyond my strength	Está más allá de mi fuerza
He walks through his bedroom	Él camina por su habitación

TRAINING TIME

It is on top of the building	Está en la parte superior del edificio
What is there under your desk?	¿Qué hay debajo de tu escritorio?
He drinks a lot of beer	Él bebe mucha cerveza
The cat is at the foot of the tower	El gato está al pie de la torre
I wear a jacket underneath my coat	Llevo una chaqueta debajo de mi abrigo
I have a lot of books	Tengo muchos libros
She put the key above the box	Ella puso la llave sobre la caja
She sees through the drapes	Ella ve a través de las cortinas
You have to write your name at the bottom of the page	Debes escribir tu nombre en la parte inferior de la página

TRAINING TIME

STORY MODE

SPANISH

Alex : "No sé cómo me voy a preparar, gracias a él, no pude prepararme a tiempo".

Lisa : "¿Qué tal si te sientas al lado de la ventana?"

Alex : "Está demasiado lejos, no podré ver mucho".

Lisa : "¿Y si te sientas frente a él, al lado del asiático?"

Alex : "Es tan bueno como tener al examinador sentado en mi cabeza, y el asiático no anota tantos puntos en las pruebas como la chica de azul".

Patrick : "No tienes que preocuparte por nada, todos los exámenes se pueden aprobar si tienes el conocimiento correcto".

Alex : "¿De qué estás hablando?"

Patrick : "Por lo que he oído, el examinador no se opone a los pañuelos, solo escribe algunas notas en una y léelas debajo de tu escritorio".

ENGLISH

Alex: "I do not know how I'm going to get by. Thanks to him, I could not get ready in time."

Lisa: "How about sitting by the window?"

Alex: "It's beyond me, I will not be able to see much."

Lisa: "And if you sit in front of her, next to the Asian?"

Alex: "It's as good as the examiner sitting on my head, and the Asian does not score as many points in the tests as the girl in blue."

Patrick: "You do not have to worry about anything, all exams can be passed if you have the right knowledge."

Alex: "What are you talking about?"

Patrick: "From what I've heard, the examiner does not oppose handkerchiefs, just write a few points on one and read them under your desk."

Chapter 4

ABSTRACTS

Keywords: Beneficios, preparación, red, personalidad, choque, identidad, deber, máximo, mínimo.

The key is preparation	La clave es la preparación
It is a mystery	Es un misterio
The network is very big	La red es muy grande
My mother needs rest	Mi madre necesita descansar
He arrived with delay	Llegó con retraso
Each word has its meaning	Cada palabra tiene su significado
It is a bad piece	Es una mala pieza
I am sorry for being late	lamento haber llegado tarde
It is an old trick	Es un viejo truco
He has no reaction	Él no tiene reacción
He bears responsibility	Él tiene la responsabilidad
What are the advantages?	¿Cuáles son las ventajas?
The proposition is interesting	La proposición es interesante
The perfect mix	La mezcla perfecta
They want a raise	Quieren un aumento
The benefit is little	El beneficio es poco
The public's reactions are positive	Las reacciones del público son positivas
It is a mix of colors	Es una mezcla de colores
The conclusion	La conclusión
She has no personality	Ella no tiene personalidad
It's entry is free	Su entrada es gratis
He is in shock	Él está en shock

It is a means of protection	Es un medio de protección
That man is afraid of change	Ese hombre tiene miedo al cambio
He finally loses the trial	Él finalmente pierde la prueba

TRAINING TIME

Why do they want those changes?	¿Por qué quieren esos cambios?
What a pity!	¡Qué pena!
That programme does not exist any more	Ese programa ya no existe
It is my identity card	Es mi tarjeta de identidad
You like meetings	Te gustan las reuniones
That is your duty	Ese es tu deber
Demain, c'est la derniere etape	Demain, c'est la derniere etape
That word is of French origin	Esa palabra es de origen francés
That meeting was very long	Esa reunión fue muy larga
I have a lot of homework to do	Tengo mucha tarea que hacer
The car has a lot of damage	El auto tiene mucho daño
It is an important step	Es un paso importante
The light	La luz
I do not have many options	No tengo muchas opciones
I have to check my schedule	Tengo que verificar mi agenda
Thanks for your invitation	Gracias por su invitación

You do not help me	No me ayudas
I need a break	necesito un descanso
I prefer this version	Prefiero esta versión
I like that option	Me gusta esa opción
I turn on the light	Enciendo la luz
Thank you for your help	Gracias por tu ayuda
Several versions exist	Varias versiones existen
The lights are red	Las luces son rojas
I need help	Necesito ayuda

TRAINING TIME

It is a long absence	Es una larga ausencia
My name can be found in the list	Mi nombre se puede encontrar en la lista
How many categories?	¿Cuántas categorías?
His father has connections	Su padre tiene conexiones
I want two children maximum	Quiero dos niños como máximo
I work a for a minimum of eight hours a day	Trabajo un mínimo de ocho horas al día
I am in the same category	Estoy en la misma categoría
I do not know anything about their relationship	No sé nada sobre su relación
I am here for the conference	Estoy aquí para la conferencia
She received a good education	Ella recibió una buena educación
She has taken the case to court	Ella llevó el caso a la corte
This man is in bad shape	Este hombre está en mal estado

STORY MODE

SPANISH

Barrister Livwell : "Qué lástima, la noticia de su encarcelamiento me sorprendió. Este programa ya existía para personas con malas personalidades, lo que significa que aún tengo que vigilarlo, incluso si pierde este caso".

Forastero 1 : "¿Cuáles son nuestras opciones ahora?"

Barrister Livwell : "Afortunadamente para nosotros, ha forjado relaciones cordiales a lo largo de los años con personas influyentes del Departamento de Educación, algunas de las cuales forman parte del jurado hoy, lo que significa que podemos beneficiarnos de la familiaridad.

Aunque esto es insignificante en el gran esquema de las cosas, es sin embargo una ventaja, y necesitamos todos los pequeños que podamos obtener. Las luces son verdes para nosotros en este caso, y creo que la buena combinación de evidencia objetiva y compasión nos llevará a algún lado".

Forastero 1 : "Es bueno escucharlo".

Barrister Livwell : "Hablaremos más después del receso ... Por ahora, vamos al bar del personal para comer algo".

Forastero 1 : "¿Es más barato allí?"

Barrister Livwell : "No tenemos nada que pagar, la entrada es gratuita los jueves".

ENGLISH

Barrister Livwell: "What a pity, the news of his imprisonment shocked me. This program already existed for people with bad personalities, which means that I still have to watch him, even if he loses this case."

Stranger 1: "What are our options now?"

Barrister Livwell: "Fortunately for us, he has forged cordial relationships over the years with influential people from the Department of Education, some of whom are on the jury today, which means we can benefit from familiarity.

Although this is insignificant in the grand scheme of things, it is nevertheless an advantage, and we need all the little ones we can get. The lights are green for us in this case, and I think the good mix of factual evidence and compassion will take us somewhere."

Stranger 1: "It's good to hear."

Barrister Livwell: "We'll talk more after the break … For now, let's go to the staff bar for some food."

Stranger 1: "Is it cheaper there?"

Barrister Livwell: "We have nothing to pay, admission is free on Thursdays."

Chapter 5

NATURE

Keywords: Montaña, sol, fuego, cielo, mar, naturaleza, aire, elementos, suelo, bosque, hierba, luna, humo.

Fire	Fuego
The sun	El sol
The plant	La planta
The wind	El viento
The element	El elemento
A tree	Un árbol
The sun is in the sky	El sol está en el cielo
She sees the sea	Ella ve el mar
Nature is our mother	La naturaleza es nuestra madre
Our water is not polluted	Nuestra agua no está contaminada
The air is pure here	El aire es puro aquí
The light is red	La luz es roja
The sky is blue	El cielo es azul
The sea is blue	El mar es azul
I like his flowers	Me gustan sus flores
He sleeps on the ground	Él duerme en el suelo
The species has disappeared	La especie ha desaparecido
The fields are yellow	Los campos son amarillos
Ben is on the wave	Ben está en la ola
Roses	Rosas

Our grass is green	Nuestra hierba es verd
The wolf is in the forest	El lobo está en el bosqu
I do not like rain	No me gusta la lluvi
I see the moon	Veo la lun
I like the heat	Me gusta el calo
Rain is rare in that country	La lluvia es rara en es paí
She looks at the mountain	Ella mira la montañ

TRAINING TIME

The rivers	Los ríos
Seeds	Semillas
The planet	El planeta
The snow	La nieve
Where is the summit?	¿Dónde está la cumbre?
The landscape	El paisaje
It is not a star	No es una estrella
The smoke is white	El humo es blanco
The river is dangerous	El rio es peligroso
The landscape is wonderful	El paisaje es maravilloso
It smelled like smoke	Olía a humo
The planet is in danger	El planeta está en peligro
The ocean is blue	El océano es azul
The lake is very deep	El lago es muy profundo
The climate is very nice	El clima es muy bueno
The cloud is white	La nube es blanca
There is pollution	Hay contaminación
It is good for the environment	Es bueno para el medio ambiente
Electricity is very useful	La electricidad es muy útil

It started to snow	Empezó a nevar
It is starting to rain	Esta empezando a llover
The storm is rising	La tormenta está subiendo
I have my sources	Tengo mis fuentes
My father knows a lot about plants	Mi padre sabe mucho sobre las plantas

TRAINING TIME

STORY MODE

SPANISH

Mina : "Gracias por las flores, he estado buscando esta especie en particular en todas partes".

Harriet : "De verdad, es genial porque traje suficiente para cultivar un bosque".

Mina : "Desafortunadamente, sería totalmente imposible hacerlo aquí".

Harriet : "¿Por qué dices eso?"

Mina : "Experiencia personal. Las especies de plantas nunca sobrevivirán en este clima. Hubo semillas de okra que compré el año pasado, seis meses después, ninguna de ellas sobrevivió".

Harriet : "Es desafortunado".

Mina : "Sí, y es así por varias razones. Primero, casi siempre llueve, por lo que este lugar es ridículamente frío durante todo el año … En segundo lugar, el suelo no es lo suficientemente bueno".

Harriet : "Entonces, ¿por qué eliges vivir en un entorno así?"

Mina : "El aire es más limpio, con menos tráfico y actividad industrial. Cuando deja de llover, los pájaros susurran suavemente por la mañana a través de mi ventana y construyen nidos con hermosos huevos dentro".

Harriet : "Ya veo".

ENGLISH

Mina: "Thanks for the flowers, I've been looking for this particular species everywhere."

Harriet: "Really, it's great because I brought enough for you to grow a forest."

Mina: "Unfortunately, it would be totally impossible to do here."

Harriet: "Why do you say that?"

Mina: "Personal experience. Plant species will never survive in this climate. There were okra seeds I bought last year, six months later, none of them survived."

Harriet: "It's unfortunate."

Mina: "Yes, and it's like that for several reasons: first, it's almost always raining, so this place is ridiculously cold all year long ... Secondly, the soil is just not good enough."

Harriet: "So why do you choose to live in such an environment?"

Mina: "The air is cleaner, with less traffic and industrial activity. When it stops raining, the birds whisper softly in the morning through my window and build nests with beautiful eggs inside."

Harriet: "I see."

Chapter 6

MATERIALS

Keywords: Madera, aceite, plata, cuero, oro.

The ice	El hielo
The stone	La piedra
The gold	El oro
The wood	La madera
The paper	El papel
She has a lot of money	Ella tiene un montón de dinero
That knife is made of iron	Ese cuchillo está hecho de hierro
I like ice	Me gusta el hielo
This is gold	Esto es oro
Your papers, please	Tus papeles, por favor
That bridge is made of stone	Ese puente está hecho de piedra
That box is made of paper	Esa caja está hecha de papel
The door is made of steel	La puerta está hecha de acero
Coins are made of metal	Las monedas están hechas de metal
America is rich in oil	América es rica en petróleo
The dust is on the floor	El polvo está en el piso
This plastic is green	Este plástico es verde
The wool is of good quality	La lana es de buena calidad
I do not like plastic	No me gusta el plástico
This cat has taken my wool	Este gato se ha llevado mi lana
It is dry as dust	Está seco como el polvo

STORY MODE

SPANISH

Oro, hierro, aceite, algodón, caucho. ¿Qué tienen estos cinco en común? Si adivinaste que son todas materias primas, entonces estarías en lo cierto.

Las materias primas a menudo son sustancias naturales que pueden convertirse en nuevos productos a través de actividades de procesamiento. ¿No me creas? Mira a tu alrededor. Las monedas son de metal, Tus cinturones son de cuero. Las tenedores y cucharas con las que comes son principalmente de plata. La madera es otro buen ejemplo de materia prima. Después del tratamiento, el aserrín también se puede usar como materia prima en la creación de otro producto.

ENGLISH

Gold, iron, oil, cotton, rubber. What do these five have in common? If you guessed they are all raw materials, then you would be right.

Raw materials are often natural substances that can be turned into new products through processing activities. Do not believe me? Look around you. The coins are metal. Your belts are leather. The forks and spoons you eat with, are mainly silver. Wood is another good example of raw material. After the treatment, the sawdust can also be used as raw material in the creation of another product.

Chapter 7

THE ARTS

Keywords: Pintura, música, poesía, artista, película, novela.

The theater	El teatro
The movie	La película
The violin	El violin
The poem	El poema
The rhythm	El ritmo
The artist	El artista
The arts	Las artes
The museum	El Museo
The singer	El cantante
The instrument	El instrumento
It is a musical note	Es una nota musical
You have the painting	Usted tiene la pintura
It is in fashion this year	Está de moda este año
I have not liked this performance	No me ha gustado esta actuación
It is a great piece	Es una gran pieza
His marks are excellent	Sus marcas son excelentes
I am looking at my aunt's works	Estoy viendo las obras de mi tía
This year's fashions are completely different	Las modas de este año son completamente diferentes
You have the paint	Usted tiene la pintura

Is he a living writer?	¿Es un escritor vivo?
I want to go to the cinema	quiero ir al cine
They are artists	Ellos son artistas
Sometimes, they recite poems	A veces, recitan poemas
It is used for watching movies	Se usa para ver películas
Where is the museum?	¿Donde esta el museo?

TRAINING TIME

The scene	La escena
I wear a mask	Llevo una máscara
The design is different	El diseño es diferente
Where is the painting?	Donde esta la pintura?
It is for my novel	Es para mi novela
I listen to songs	Escucho canciones
He likes the piano	Le gusta el piano
She has gone to that concert	Ella ha ido a ese concierto
I want a guitar	Quiero una guitarra
The actor speaks with the king	El actor habla con el rey
He is a singer	Él es cantante
The actors	Los actores
Our son has three guitars	Nuestro hijo tiene tres guitarras
Alessia likes to listen to the violin	A Alessia le gusta escuchar el violín
He plays the piano	Él toca el piano
I use the camera	Yo uso la cámara
I am drawing a car	Estoy dibujando un auto
The photograph is beautiful	La fotografía es hermosa
The musician has a lot of friends	El músico tiene muchos amigos

He likes the literature	A él le gusta la literatura
My uncle loves architecture	Mi tío ama la arquitectura
The cameras	Las cámaras
He is taking photographs	Él está tomando fotografías
The two musicians are playing a famous work	Los dos músicos están jugando un trabajo famoso

TRAINING TIME

The musician is coming with her violin	El músico viene con su violín
On stage	En el escenario
He does not like criticism	A él no le gusta la crítica
It is a series about a dog	Es una serie sobre un perro
She loves writing poems	A ella le encanta escribir poemas
I always sing	Yo siempre canto
Your words are beautiful	Tus palabras son hermosas
I am writing a poem	Estoy escribiendo un poema
The birds sing	Los pájaros cantan
I am not a critic	No soy crítico
She sings very well	Ella canta muy bien
This series is very recent	Esta serie es muy reciente

TRAINING TIME

STORY MODE

SPANISH

"Es una pintura hermosa, no sabía que eras artístico", comentó Niko.

"No tanto como piensas, pero mi hermana sí", respondió Emerick.

"Le encanta dibujar, literatura y música, y sus espectáculos de poesía están siempre llenos de rimas y ritmos. Deberías ver un espectáculo cuando tengas tiempo.

Por otro lado, lo único artístico de mí es que puedo tocar tanto el bajo como la guitarra eléctrica, y de vez en cuando, me gusta asistir a una o dos cenas para conocer artistas reales".

ENGLISH

"It's a beautiful painting, I did not know you were artistic:" commented Niko.

"Not as much as you think, but my sister is." Emerick replied.

"She loves drawing, literature and music, and her poetry shows are always filled with rhymes and rhythms, you should see a show when you have the time.

On the other hand, the only artistic thing about me is that I can play both bass and electric guitar, and from time to time, I like to attend one or two dinners to meet real artists."

Chapter 8

MEASURES

Keywords: Peso, velocidad, litro, toneladas, centímetros, kilogramos, métrica, volumen, ancho, tamaño, altura, longitud.

Depth	Profundidad
Height	Altura
There are a thousand kilos in a ton	Hay mil kilos en una tonelada
There are one hundred centimeters in one meter	Hay cien centímetros en un metro
There are twenty kilometres at most	Hay veinte kilómetros como máximo
I have one litre of wine	Tengo un litro de vino
The lengths of the boats are very different	Las longitudes de los barcos son muy diferentes
Another centimeter	Otro centímetro
He eats tons of fish	Él come toneladas de pescado
The family drinks several litres of milk per week	La familia bebe varios litros de leche por semana
There is about one kilometer between my house and my office	Hay aproximadamente un kilómetro entre mi casa y mi oficina
He eats one third of the cake?	Él come un tercio de la torta?
He wants half of the cake	Él quiere la mitad del pastel
Four is two times two	Cuatro es dos veces dos
What is your weight?	¿Cuál es tu peso?
What size is it?	¿Qué talla es?

The width of the door is eighty centimeters	El ancho de la puerta es ochenta centímetros
The depth is important	La profundidad es importante
What is your size?	¿Cuál es tu tamaño?
Do you want half of my apple?	¿Quieres la mitad de mi manzana?
Eight is two times four	Ocho es dos por cuatro
It is the size of an egg	Es del tamaño de un huevo
In the next room	En la habitación de al lado

TRAINING TIME

The room has the shape of the square	La habitación tiene la forma del cuadrado
It is all the same to me	Es todo lo mismo para mí
What is the new speed?	¿Cuál es la nueva velocidad?
My cellar contains three cubic meters of firewood	Mi bodega contiene tres metros cúbicos de leña
These are the sides	Estos son los lados
The sides of a square are equal	Los lados de un cuadrado son iguales
It is a novel in two volumes	Es una novela en dos volúmenes
The height of my house is seven metres	La altura de mi casa es de siete metros

STORY MODE

SPANISH

"¿Qué tan rápido está funcionando el motor?" El profesor Makkonen, el ingeniero de cabello plateado, preguntó mientras probaba su último invento en el puente Elysee.

"Nueve y tres nudos cuadrados", dijo su asistente, que sostenía un gran velocímetro.

"¿Cuáles son los requisitos de altura y peso para una profundidad de ocho kilómetros bajo el nivel del mar?"

"Cuatro toneladas y diez pies, señor".

"OK, está bien, ahora, ¿cuánto pesa comparado con el anterior?" Profesor Makkonen preguntó.

"Por lo general, depende de su ancho y de la cantidad de humedad que contiene, y en este punto, los dos son casi iguales: sesenta y dos a sesenta y cinco libras", explicó el asistente.

"Sí, pero consume un tercio de la potencia de su predecesor, pero también tiene una distancia total mayor: noventa centímetros a dos metros, a diferencia de cincuenta centímetros a un metro, por lo que hay una diferencia", dijo el profesor.

El asistente sacó su libreta y garabateó algunas figuras.

ENGLISH

"How fast does the engine run?" asked Professor Makkonen, the silver-haired engineer, while testing his latest invention on the Elysee bridge.

"Nine- and three-square knots." said his assistant, who was holding a large speedometer.

"What are the height and weight requirements for a depth of eight kilometers below sea level?"

"Four tons and ten feet, sir."

"OK, it's good. Now, how much does it weigh compared to the previous one?" Professor Makkonen asked

"It usually depends on its width and the amount of moisture it contains, and on this point, the two are almost equal; sixty-two to sixty-five pounds," the assistant explained.

"Yes, but it consumes a third of the power of its predecessor, but it also has a greater total distance: ninety centimeters to two meters, unlike fifty centimeters to one meter, so there is a difference." said the proffessor.

The assistant took out his notebook and scribbled some figures.

Chapter 9

MEDICAL

Keywords: Clínica, pacientes, doctor, salud, operación.

The hand	La mano
The nose	La nariz
The ear	La oreja
The arm	El brazo
The eye	El ojo
The body	El cuerpo
The foot	El pie
The mouth	La boca
The back	La parte de atrás
These are our heads	Estas son nuestras cabezas
The doctor	El doctor
His heart is bad	Su corazón es malo
He had a hard time finding you	Le costó encontrarlo
They are sick	Ellos están enfermos
She has a small head	Ella tiene una cabeza pequeña
That is my hand	Esa es mi mano
Is it bad or dangerous?	¿Es malo o peligroso?
They are sick	Ellos están enfermos
Her eyes are blue	Sus ojos son azules
He has a big mouth	Él tiene una gran boca
That is not my age	Esa no es mi edad
Why this operation?	¿Por qué esta operación?
My son is small for his age	Mi hijo es pequeño para su edad
The blood is red	La sangre es roja
Do I need an operation?	¿Necesito una operación?
We go to work on foot	Vamos a trabajar a pie

Then she opened her mouth	Luego ella abrió la boca
He has two left feet	Él tiene dos pies izquierdos
It is the minimum age	Es la edad mínima
Her legs are long	Sus piernas son largas
His forehead is big	Su frente es grande
Her lips are blue	Sus labios son azules
Your face is red	Tu cara es roja
I smell with my nose	yo huelo con mi nariz

TRAINING TIME

Health	Salud
The brain	El cerebro
The dentist	El dentista
The hospital	El hospital
The neck	El cuello
The doctor	El doctor
Her skin is soft	Su piel es suave
I have big fingers, so I cannot use a small keyboard	Tengo los dedos grandes, así que no puedo usar un teclado pequeño
Your forehead is hot	Tu frente está caliente
She has a very pretty face	Ella tiene una cara muy bonita
I have a sore leg	Tengo una pierna dolorida
I have dry skin	Tengo la piel seca
The lady ate with her fingers	La dama comió con los dedos

She has two legs	Ella tiene dos piernas
I cut my finger with a knife	Me corté el dedo con un cuchillo
His skin is cold	Su piel está fría
The child is teething	El niño está saliendo
Her illness is serious	Su enfermedad es seria
The risk is too great	El riesgo es demasiado grande
I have tears in my eyes	tengo lagrimas en mis ojos
My diet is hard	Mi dieta es dura
I feel the wind on my neck	Siento el viento en mi cuello
One tooth, two teeth	Un diente, dos dientes
He is on a diet	Él está a dieta
My mother was in tears	Mi madre estaba llorando

TRAINING TIME

He lost his sight	Perdió la vista
His chest is red	Su cofre es rojo
Your throat is red	Tu garganta es roja
Your brother is a doctor	Tu hermano es un doctor
His ears hurt	Le duelen los oídos
Both of them are doctors	Ambos son doctores
She has a virus	Ella tiene un virus
That tiger has shiny fur	Ese tigre tiene una piel brillante
She is a medical doctor	Ella es médica
And the patients are old	Y los pacientes son viejos
The bone is white	El hueso es blanco
The brain is very sensitive	El cerebro es muy sensible

Our patient is in the same condition	Nuestro paciente está en la misma condición
Medicine is doing badly	La medicina está haciendo mal
We buy medicine at the pharmacy	Compramos medicina en la farmacia
I have a good life	Tengo una buena vida
The heart is an organ	El corazón es un órgano
I have pain in my shoulder	Tengo dolor en mi hombro
She is going to consult her husband	Ella va a consultar a su marido
Before, my cheeks were red	Antes, mis mejillas estaban rojas
We spoke about our lives	Hablamos sobre nuestras vidas
You must take your medication	Debes tomar tu medicación
I have to go to the pharmacy	Tengo que ir a la farmacia
This nurse works in that clinic	Esta enfermera trabaja en esa clínica
Sorry for your ankle	Perdón por tu tobillo

TRAINING TIME

My nails are short	Mis uñas son cortas
This muscle hurts	Este músculo duele

You grow while you sleep	Creces mientras duermes
The stomach is an organ	El estómago es un órgano
I have to see a dentist	Tengo que ver a un dentista
The child is growing	El niño está creciendo
I have to protect my ankles and my feet	Tengo que proteger mis tobillos y mis pies
I think he has become a nurse	Creo que se ha convertido en una enfermera

TRAINING TIME

STORY MODE

SPANISH

Niko : "¿Por qué estás sin aliento?"

Mina : "Estaba caminando muy rápido".

Niko : "Por qué, no es una buena idea, teniendo en cuenta su lesión".

Mina : "Sentí una sensación de ardor en el pecho, así que corrí a la farmacia para auto-tratamiento".

Niko : "Oh, ¿cuándo te convertiste en médico? ¿Y por qué no ir al hospital?"

Mina : "Porque no me gusta el olor de los hospitales, me irrita la nariz y me dobla el estómago ... Además, hay tantos pacientes en todas partes, y a veces me temo que hay un virus en el aire".

Niko : "Puedo entender, mi tío siguió diciendo cosas similares hasta la operación en su corazón el año pasado, necesitaba un órgano donante, pero no había ninguno, por lo que ahora está muerto".

Mina : "Siempre tienes una historia de terror que contar, perdón por tu tío".

Niko : "Lo siento por tu tobillo también, y no te preocupes, todo estará bien, asegúrate de tomar tu medicamento y mantente alejado de las bicicletas por un tiempo".

ENGLISH

Niko: "Why are you out of breath?"

Mina: "I was walking very fast."

Niko: "Why, it's not a good idea, considering your injury."

Mina: "I felt a burning sensation in my chest, so I rushed to the pharmacy for self-treatment."

Niko: "Oh, but when did you become a doctor? and why not go to the hospital instead?"

Mina: "Because I do not like the smell of hospitals, it irritates my nose and bends my stomach ... Moreover, there are so many patients everywhere, and sometimes I'm afraid that there is a virus in the air."

Niko: "I can understand, my uncle continued to say similar things until the operation on his heart last year, he needed a donor organ, but there was none, so now he is dead."

Mina: "You always have a horror story to tell, sorry for your uncle."

Niko: "Sorry for your ankle too, and do not worry, everything will be fine, make sure you take your medicine and stay away from the bikes for a while."

Chapter 10

POLITICS

Keywords: Democracia, partido, presidente, presupuesto, poder, voto, elección, alcalde, impuestos, ley, gobierno.

The army	El ejercito
The liberty	La libertad
The economy	La economía
The government	El Gobierno
The law	La Ley
Each society has its laws	Cada sociedad tiene sus leyes
Economic development is important for that country	El desarrollo económico es importante para ese país
This country is against war	Este país está en contra de la guerra
Does the king have power?	¿El rey tiene poder?
It is your right	Es tu derecho
You have rights	Tienes derechos
He does not have any powers	Él no tiene ningún poder
This is not always the case in all societies	Este no es siempre el caso en todas las sociedades
The president talks to the government	El presidente habla con el gobierno
It is a good agreement	Es un buen acuerdo
The party of the people	El partido de las personas
The people like freedom	A la gente le gusta la libertad

He is in a party	Él está en una fiesta
The economic crisis	La crisis económica
The quiet revolution	La revolución silenciosa
The reason is security	La razón es seguridad
Is that justice?	¿Es eso justicia?
The policies	Los policias
She works for the defense of her country	Ella trabaja para la defensa de su país

TRAINING TIME

It is a policy	Es una política
Safety is important	La seguridad es importante
Development, justice, freedom	Desarrollo, justicia, libertad
The minister has made a major speech this morning	El ministro pronunció un discurso importante esta mañana
We are the majority	Somos la mayoría
We do not want violence	No queremos violencia
It is the biggest opposition party	Es el partido de oposición más grande
European ministers are there	Los ministros europeos están ahí
It is a party of the opposition	Es un partido de la oposición
There is almost no violence in this country	Casi no hay violencia en este país
The majority is afraid	La mayoría tiene miedo
This lady is in the opposition	Esta dama está en la oposición

In that city, there is almost no violence	En esa ciudad, casi no hay violencia
The candidates	Los candidatos
The organization	La organización
The election is tomorrow	La elección es mañana
I am going to be mayor	Voy a ser alcalde
The budget is very important	El presupuesto es muy importante
I am here to pay a debt	Estoy aquí para pagar una deuda
The conflict lasts thirty years	El conflicto dura treinta años
We had a debt of honor	Tuvimos una deuda de honor
Is he the mayor?	¿Es él el alcalde?
Is it the right strategy?	¿Es la estrategia correcta?
What is a nation?	¿Qué es una nación?
The mayor is in city hall	El alcalde está en el ayuntamiento

TRAINING TIME

That event made him famous	Ese evento lo hizo famoso
It is a war crime	Es un crimen de guerra
We have to pay tax	Tenemos que pagar impuestos
The national assembly is in Paris	La asamblea nacional está en París
I have to pay my taxes	Tengo que pagar mis impuestos

The strategies will be national	Las estrategias serán nacionales
I had known happier events	Yo había conocido eventos más felices
The demonstration is a success	La demostración es un éxito
There is no vote	No hay voto
Is he a senator?	¿Es un senador?
She is old enough to vote	Ella es lo suficientemente mayor para votar
We believe in democracy	Creemos en la democracia
He has a lot of friends in the parliament	Él tiene muchos amigos en el parlamento
Italy is a democracy	Italia es una democracia
The demonstration has begun	La demostración ha comenzado
Parliament is more powerful, it must therefore be more responsible	El Parlamento es más poderoso, por lo tanto, debe ser más responsable
This is the vote of the majority	Este es el voto de la mayoría
He is a senator	Él es un senador
She conducts	Ella conduce
We have to fight for our freedom	Tenemos que luchar por nuestra libertad
She runs her family	Ella dirige a su familia
He is heading for Paris	Él se dirige a París
I cannot fight against the mayor's politics all alone	No puedo luchar contra la política del alcalde solo
He manages a restaurant and is respected by all	Él maneja un restaurante y es respetado por todos

TRAINING TIME

STORY MODE

SPANISH

"Nunca he sido capaz de entender el sistema de gobierno de la monarquía", dijo Niko. "¿Por qué hay al mismo tiempo un rey, un primer ministro y un presidente? ¿Tiene el rey poderes especiales o está por encima de la ley?"

"Realmente no me entiendo a mí mismo, pero creo que el papel del monarca es ser la manifestación física del poder de un país, todo el trabajo lo hace el primer ministro o el presidente", dijo Mina.

"Hablando de presidentes, Estados Unidos tiene uno nuevo", dijo, blandiendo una gorra de béisbol con las letras M.A.S.A cosidas.

"El hombre no tiene nada que ofrecer como presidente, no respeta a las mujeres, y no hay pruebas de que pague sus impuestos, simplemente es un peligro para la sociedad", dijo Mina.

"Las elecciones de ayer fueron manipuladas, y si hay justicia en este mundo, ya estaría cancelada".

"No estoy de acuerdo, él solo tenía una mejor estrategia", dijo Niko. "Creo en la democracia que pone el poder en los votos del pueblo. Los resultados son las voces de la opinión popular. Estados Unidos ahora tiene una nueva dirección, que es una revolución contra el status quo".

ENGLISH

"I have never been able to understand the monarchy system of government."said Niko. "Why is there at the same time a king, a prime minister and a president? Does the king have special powers or is he above the law?"

"I do not really understand myself, but I guess the monarch's role is to be the physical manifestation of a country's power, all the work is done by the prime minister or the president." said Mina.

"Speaking of presidents, America has a new one." he said, brandishing a baseball cap with the letters M.A.S.A sewn on it.

"The man has nothing to offer as president, he has no respect for women, and there is no proof that he pays his taxes, he is simply a danger to society." said Mina.

"Yesterday's election was rigged, and if there is justice in this world, it would already be canceled."

"I do not agree, he just had a better strategy." said Niko. "I believe in democracy, which puts power in the votes of the people. The results are the voices of popular opinion. America now has a new direction, which is a revolution against the status quo."

En Marche !

Chapter 11

EDUCATION

Keywords: Semestre, curso, escuela, lápiz, lecciones, estudios, universidad, conceptos, escuela, estudiantes.

The student	El estudiante
The school	La escuela
The library	La biblioteca
The director	El director
I am in the class	Estoy en la clase
This course is very difficult	Este curso es muy difícil
This study is very important	Este estudio es muy importante
He works in education	Él trabaja en educación
The children are good students	Los niños son buenos estudiantes
He has not liked school	A él no le ha gustado la escuela
He needs to complete his studies	Él necesita completar sus estudios
The students are drinking wine	Los estudiantes beben vino
I have to study	Tengo que estudiar
My son is in secondary school	Mi hijo está en la escuela secundaria
She goes to two universities	Ella va a dos universidades
A true intellectual exercise	Un verdadero ejercicio intelectual
This is a good library	Esta es una buena biblioteca
I have been a student	He sido un estudiante
Some students drink wine	Algunos estudiantes beben vino

My brother is a student	Mi hermano es un estudiante
My plan is to study in Australia	Mi plan es estudiar en Australia
We write scripts	Escribimos guiones
I have lost my pencil	He perdido mi lápiz
We have six lessons per day	Tenemos seis lecciones por día
The attempt is good	El intento es bueno

TRAINING TIME

The course	El curso
He has had a classical training	Él ha tenido un entrenamiento clásico
This is her description	Esta es su descripción
It is his first semester	Es su primer semestre
He is improving his lines	Él está mejorando sus líneas
The second lesson is very easy	La segunda lección es muy fácil
There are thirty pencils and ten children	Hay treinta lápices y diez niños
The waiter is a beginner	El camarero es un principiante
Finally, I passed the exam	Finalmente, pasé el examen

STORY MODE

SPANISH

Alex : "En cierto modo, sabía que te encontraría en la biblioteca".

Mina : "Tengo que estar aquí". Para obtener crédito adicional, me inscribí en un curso de desarrollo de aplicaciones, lo que significa que tengo que pasar por un texto recomendado llamado 'Principios de desarrollo de aplicaciones' y realizar un examen esta semana".

Alex : "Ya veo, es bueno para ti, pero estoy cansado de la escuela, y es muy probable que no vaya a la próxima clase".

Mina : "Ya no estamos en la escuela secundaria, cada lección debe tomarse en serio".

Alex : "¿O qué?"

Mina : "¿No es obvio? O vas a fallar".

Alex : "Para ser honesto, prefiero dirigir el negocio familiar, pero mi padre insiste en que debo terminar mis estudios primero". La educación universitaria contemporánea no es muy importante para mí, así que realmente no le temo a un F."

Mina : "Entiendo de dónde vienes, pero no estoy de acuerdo con tu punto de vista sobre el valor de la educación, la educación es la clave para el desarrollo de una sociedad, por lo que debe tomarse en serio".

ENGLISH

Alex: "In a way, I knew I would find you in the library."

Mina: "I have to be here. For an extra credit, I signed up for an application development course, which means I have to go through a recommended text called" Application Development Principles "and take a test this week."

Alex: "I see, it's good for you. But i'm tired of school, and it's very likely that I will not go to the next class."

Mina: "We are no longer in high school; every lesson must be taken seriously."

Alex: "Or what?"

Mina: "Is it not obvious? or you'll fail."

Alex: "To be honest, I prefer to run the family business, but my father insists that I have to finish my studies first. Contemporary university education is not very important to me, so I'm really not afraid of an F."

Mina: "I understand where you come from, but I do not agree with your point of view on the value of education: education is the key to developing a society, so it must be taken seriously."

Chapter 12

IMPERATIVES

Keywords: Parar, olvidar, tomar, escuchar, hablar, cambiar, callar, hacer, mirar, escribir, enviar.

Go	Ir
Imagine that you are right	Imagina que tienes razón
Do not make so much noise	No hagas tanto ruido
Do not shoot before my order	No disparar antes de mi orden
Look at this issue as an opportunity	Mire este problema como una oportunidad
Let's walk	Caminemos
Don't shoot	No dispare
Change the disc	Cambiar el disco
Make the sandwiches	Hacer los sándwiches
Imagine that you are twenty years old	Imagina que tienes veinte años
Go to the park	Ve al parque
Let's make a salad	Hagamos una ensalada
Put the novel on the table	Pon la novela sobre la mesa
Choose one or the other	escoge una o la otra
Come whenever you want	Ven cuando quieras
Look what you did	Mira lo que has hecho
Send them what was planned	Envíales lo que estaba planeado
Forget that girl	Olvídate de esa chica
Let me explain	Dejame explicar

Send me a message tonight	Envíame un mensaje esta noche
Look at the next page	Mira la página siguiente
Do not come here	No vengas ac'a
Put on your hat my son	Ponte el sombrero, hijo
Choose a plate	Elige un plato
Please let us say a last word	Por favor déjenos decir una última palabra

TRAINING TIME

Stop	Detener
Don't be unhappy	No seas infeliz
Eat less bread	Come menos pan
Listen to yourself	Escucharte a ti mismo
Let's drink tea	Bebamos té
Run, you are late	Corre, llegas tarde
Go forward ten steps	Avanza diez pasos
Eat the strawberries	Come las fresas
Let's be strong	Seamos fuertes
Listen my friend	Escucha mi amigo
Drink your milk, my son	Bebe tu leche, mi hijo
Stop looking at me like that	Deja de mirarme de esa forma

Go on, the light is green	Vamos, la luz es verde
Be quiet when I speak	Cállate cuando hablo
Give me that paper	Dame ese papel
Take what belongs to you	Toma lo que te pertenece
Write your address here	Escriba su dirección aquí
Tell me, are you in love?	Dime, ¿estás enamorado?
Excuse us for being late	Disculpe por llegar tarde
Do not read such a book	No leas un libro así
Do not play with her feelings	No juegues con sus sentimientos
Give me the application tomorrow	Dame la aplicación mañana
Let's speak French	Hablemos francés
Let's read that note	Leamos esa nota
Let's play cards	Vamos a jugar a las cartas

TRAINING TIME

STORY MODE

SPANISH

Niko : "Disculpe, me perdí el primer tren y tuve que atrapar otro, además, no creo que los primeros cinco minutos cuenten mucho".

Michelle : "La próxima vez, comenzaré solo".

Niko : "Entiendo, te compensaré".

Michelle : "Definitivamente. Elige de esta lista y dime cómo quieres comenzar".

1. Lava nuestros platos por una semana.

2. Permanece en silencio por una hora.

3. Escribe un ensayo que explique por qué nunca volverás a llegar tarde.

4. Cómprame La forma más fácil de aprender español, volumen dos.

5. Olvídate de la televisión por una semana.

6. Corre tres veces a la semana conmigo.

7. Dame todos tus ingresos mensuales.

8. Envíame un mensaje de texto que diga "Hola, te amo" todos los días, hasta el final del mes.

9. Déjame jugar todos tus tiros libres cada vez que juegues NBA con Patrick.

ENGLISH

Niko: "Excuse me, I missed the first train and I had to catch another one, besides, I do not think the first five minutes count a lot".

Michelle: "Next time, I'll start alone."

Niko: "I understand, I'll compensate you."

Michelle: "Definitely, choose from this list and tell me how you want to start."

1. Wash our dishes for a week.

2. Remain silent for one hour.

3. Write an essay that explains why you will never be late again.

4. Buy me The Simple Way To Learn Spanish, volume two.

5. Forget about television for a week.

6. Run three times a week with me.

7. Give me all your monthly income.

8. Send me a text message that says 'Hi, I love you' every day, until the end of the month.

9. Let me play all your free throws every time you play NBA with Patrick.

Chapter 13

SCIENCE

Keywords: Tecnología, títulos, cálculos, invención, análisis, fórmula, investigación, función, materia, teoría.

The circle	El círculo
The atmosphere	La atmósfera
I made a discovery	Hice un descubrimiento
I am online	estoy conectado
The raw material is rare	La materia prima es rara
The search is global	La búsqueda es global
It is not my strong point	No es mi punto fuerte
The energy comes from the sun	La energía proviene del sol
In theory, Yes	En teoría, sí
The function of this equipment is simple	La función de este equipo es simple
How are the lines?	¿Cómo están las líneas?
I have a shirt with black and white dots	Tengo una camisa con puntos blancos y negros
This is a large quantity of energy	Esta es una gran cantidad de energía
I like the physical sciences	Me gustan las ciencias físicas

You can explain the formula	Puedes explicar la fórmula
She starts the analysis	Ella comienza el análisis
I do not like your methods	No me gustan tus métodos
Their analyses are good	Sus análisis son buenos
Science is important	La ciencia es importante
This method offers two advantages	Este método ofrece dos ventajas
It is the formula of this medicine	Es la fórmula de este medicamento
Science is not perfect	La ciencia no es perfecta
The analysis is done in two stages	El análisis se realiza en dos etapas
He reached his limit	Llegó a su límite

TRAINING TIME

The temperature drops	La temperatura baja
It is a question of scale	Es una cuestión de escala
The circle is red	El círculo es rojo
The scientist	El Científico
She knows her limits	Ella conoce sus límites
It is three degrees this evening	Son tres grados esta tarde
It is not an invention	No es una invención
I must know it	Debo saberlo
The radius of the circle	El radio del círculo
He does not like mathematics	A él no le gustan las matemáticas

STORY MODE

SPANISH

J.D Moneyfella : "¿Va a funcionar esta vez? No me parece posible".

Professeur Makkonen : "Hasta cierto punto, sí".

J.D Moneyfella : "¿Y cree que su invención ayudará a alcanzarlo?"

Professeur Makkonen : "Señor, nada es imposible con la ciencia, creo que ahora tenemos la tecnología correcta. Según mis cálculos, también necesitaremos materias primas como se describe en el documento de investigación".

J.D Moneyfella : "No dudo del alcance de su conocimiento, pero hasta ahora, todo lo que hemos hecho es circular el problema. Estamos donde comenzamos. En este punto. Es seguro decir que hay límites para nuestra comprensión del tema, incluso para usted".

Professeur Makkonen : "Por el contrario, señor, esta fórmula sugiere que podría haber muchas otras maneras de explorarla".

J.D Moneyfella : "Las matemáticas no me interesan, profesor, nunca será el caso".

ENGLISH

J.D Moneyfella: "Is it going to work this time? It does not seem possible to me."

Professeur Makkonen: "To a certain extent, yes."

J.D Moneyfella: "And do you believe that your invention will help to reach it?"

Professeur Makkonen: "Sir, nothing is impossible with science, I think we have the right technology now, according to my calculations, we will also need raw materials, as described in the research paper."

J.D Moneyfella: "I do not doubt the extent of your knowledge, but so far, all we have done is circulate the problem. We are where we started. At this point, it is safe to say that there are limits to our understanding of the subject, even for you."

Professeur Makkonen: "On the contrary, sir, this formula suggests that there could be many other ways to explore it."

J.D Moneyfella: "Mathematics does not interest me, Professor, it will never be the case."

Chapter 14

TRANSPORT

Keywords: Vuelo, autobús, boleto, pasaporte, pasajeros, estación, accidente, aceleración, manejo, aeropuerto, metro, avión, motocicleta, tren, viajes, motor, barco.

The bus	El autobús
The taxi	El taxi
The station	La estación
The airplane	El avión
The train	El tren
The motorcycle	La motocicleta
The guide	La guía
The subway	El metro
The motor	El motor
An airport	Un aeropuerto
The passport	El pasaporte
Have a good trip	Ten un buen viaje
The boat goes down the river	El barco baja por el río
Where is this train going?	¿A dónde va este tren?
The car has a new engine	El auto tiene un motor nuevo
Where is the train to London?	¿Dónde está el tren a Londres?
Three classes of boats	Tres clases de barcos
Where is the station?	¿Dónde está la estación?
The trip is long?	El viaje es largo?
A few boats are on the lake	Algunos barcos están en el lago

I fly	Yo vuelo
Do you know how to drive?	¿Sabes como conducir?
Where are my wings?	¿Dónde están mis alas?
The motorcycle is yellow	La motocicleta es amarilla
I walk from the airport	Yo camino desde el aeropuerto
My plane is flying to France	Mi avión está volando a Francia
The enemies fly over the landscape	Los enemigos vuelan sobre el paisaje
I like the African climate	Me gusta el clima africano
Asia is a continent	Asia es un continente

TRAINING TIME

I speak Spanish	Yo hablo español
The petrol is for my car	La gasolina es para mi auto
A car has a steering wheel	Un automóvil tiene un volante
It is a free ticket	Es un boleto gratis
Where is the bus to Stratford?	¿Dónde está el autobús a Stratford?
The woman speaks French	La mujer habla francés
Change the tire of your car!	¡Cambia el neumático de tu auto!
The tourists visit the museum	Los turistas visitan el museo
They are the passengers of the bus	Ellos son los pasajeros del autobús
You do not visit me	No me visitas
Do you have your passport?	¿Tiene usted su pasaporte?

The tourist has a blue suitcase	El turista tiene una maleta azul
Italians drink wine with their dinner	Los italianos beben vino con su cena
We are the passengers	Somos los pasajeros
He is driving	El está conduciendo
Your journey starts here	Tu viaje comienza aquí
The nurse is parking her car	La enfermera está estacionando su auto
He has a car accident	Él tiene un accidente automovilístico
We were late because of the traffic	Llegamos tarde debido al tráfico
Since when do we drive?	¿Desde cuándo conducimos?
So, do we speed up or slow down?	Entonces, ¿aceleramos o ralentizamos?
You are not in this world	Usted no está en este mundo
I am fast	soy rápido
Is it a direct train?	¿Es un tren directo?
It is dangerous to accelerate here	Es peligroso acelerar aquí
You have to slow down when the light is orange	Debes disminuir la velocidad cuando la luz es naranja
We have been fast	Hemos sido rápidos

STORY MODE

SPANISH

Pietr : "¿Qué estás haciendo con las llaves del auto?"

Alex : "Quiero cambiar las ruedas del automóvil y examinar el motor; mi hermano y yo iremos más tarde al aeropuerto de Marsella Provenza".

Pietr : "¿A dónde vas a viajar?"

Alex : "Se caen".

Pietr : "¿Por qué necesitas un vuelo? Solo tomará unas pocas horas de conducción, el transporte es más económico por carretera que por avión, a menos que solo quieras quemar francos".

Alex : "Sé esto, idealmente, me hubiera gustado subirme a mi bicicleta o autobús, pero el tráfico es muy difícil por la mañana, y me gustaría llegar antes como otros pasajeros a bordo".

Pietr : "Creo que es una pérdida de dinero, solía volar a Londres desde Italia a menudo, pero nunca hubiera gastado esa cantidad a una distancia como esta, si es la velocidad y el precio que prefieres, te aconsejaré para ir con los trenes".

Alex : "Tengo la tentación de no seguir tu consejo después de lo que pasó con los exámenes, pero creo que tienes razón, personalmente me encantan los trenes, especialmente los trenes Eurostar."

ENGLISH

Pietr: "What are you doing with the car keys?"

Alex: "I want to change the tires of the car and examine the engine. My brother and I will go to Marseille Provence airport later today."

Pietr: "Where are you travelling to?"

Alex: "Caen."

Pietr: "Why do you need a flight? it will take only a few hours of driving. Transportation is cheaper by road than by plane, unless you just want to burn francs."

Alex: "I know this. Ideally, I would have liked to go on my bike, or bus, but the traffic is very difficult in the morning, and I would like to get there sooner. In addition, like other passengers on board, I can afford it."

Pietr: "I think it's a waste of money. I used to fly to London from Italy frequently, but I would never have spent such an amount at a distance like this. If it's the speed and the price you prefer, I'll say go with the trains."

Alex: "I'm tempted not to take your advice after what happened with the exams, but you've always delivered, and I personally love trains. Especially the Eurostar trains."

Chapter 15

ECONOMICS

Keywords: Jefe, inversion, bancaria, mercado, salario, empleo, efectivo, consumidores, trabajadoras, fábrica.

Cash	Efectivo
Marko is our manager	Marko es nuestro gerente
They came as manual workers	Vinieron como trabajadores manuales
She works in tourism	Ella trabaja en el turismo
These cars are economical	Estos autos son económicos
What is the price?	¿Cuál es el precio?
She has a bank account	Ella tiene una cuenta bancaria
Fish consumption is still strong	El consumo de pescado sigue siendo fuerte
We have profited from this experience	Nos hemos beneficiado de esta experiencia
That is a good prize for the writer	Ese es un buen premio para el escritor
We do not have female workers here	No tenemos trabajadoras aquí
This company makes a lot of profit	Esta empresa obtiene muchos beneficios
It is an important contract for that industry	Es un contrato importante para esa industria
This product is for sale	Este producto está en venta
This gentleman has a lot of capital	Este caballero tiene mucho capital

My uncle is an employee	Mi tío es un empleado
The workers are going to build cars	Los trabajadores van a construir autos
Here is your change	Aquí esta su cambio
I write the contracts	Escribo los contratos
Sales are increasing	Las ventas están aumentando
Happy employees are good employees	Los empleados felices son buenos empleados
All those industries have now disappeared	Todas esas industrias ahora han desaparecido
These ladies are model employees	Estas mujeres son empleados modelo
We are going to make profits	Vamos a obtener ganancias
I would like to rent a car	Me gustaría alquilar un auto
She receives a good salary	Ella recibe un buen salario
We must consume less	Debemos consumir menos

TRAINING TIME

Industrial design	Diseño industrial
The Paris Stock Exchange	La Bolsa de París
We have one room for rent	Tenemos una habitación en alquiler
The profit is small	El beneficio es pequeño

He works at the stock exchange	Él trabaja en la bolsa de valores
He earns twice my salary	Él gana el doble de mi salario
This is an industrial city	Esta es una ciudad industrial
We are going to make profits	Vamos a obtener ganancias
Salaries are paid at the end of the month	Los sueldos se pagan a fin de mes
The benefit is small	El beneficio es pequeño
Where is my credit card?	¿Dónde está mi tarjeta de crédito?
I have a job for you	Tengo un trabajo para ti
The union is national	La unión es nacional
She is hiring people	Ella está contratando gente
She has an enormous fortune	Ella tiene una fortuna enorme
The boss employs workers	El jefe emplea a trabajadores
Competition is neither pure nor perfect	La competencia no es pura ni perfecta
The unions know it	Los sindicatos lo saben
She has three loans to pay for her house	Ella tiene tres préstamos para pagar su casa
We hire especially in the spring	Contratamos especialmente en la primavera
The boss is the owner of the factory	El jefe es el dueño de la fábrica

The price is on the bill	El precio esta en la factura
It is my order	Es mi orden
Those consumers are rich	Esos consumidores son ricos
You see the markets	Usted ve los mercados

TRAINING TIME

It is an important investment	Es una inversión importante
The management of this company is difficult	La gestión de esta empresa es difícil
The market asks for more	El mercado pide más
The consumer is king	El consumidor es rey
Nevertheless, their owner is American	Sin embargo, su dueño es estadounidense
Where are your things?	¿Dónde están tus cosas?
Service is included	Servicio incluido
I have to accept his offer	Debo aceptar su oferta
It is in their advertising	Está en su publicidad
The investments are falling	Las inversiones están cayendo
The production of coffee is important in this country	La producción de café es importante en este país

She is making a business trip	Ella está haciendo un viaje de negocios
She is working for the French secret services	Ella está trabajando para los servicios secretos franceses
It is a good deal	Es un buen trato
That production takes between three and four months	Esa producción demora entre tres y cuatro meses
The ticket costs a hundred euros	El boleto cuesta cien euros
The coat is expensive but it is worth its price	El abrigo es caro, pero vale la pena su precio
What is its exact value?	¿Cuál es su valor exacto?
I have five dollars in my pocket	Tengo cinco dólares en mi bolsillo
It is a lovely black leather purse	Es un precioso bolso de cuero negro
This is a dollar	Esto es un dólar
However, it is too expensive	Sin embargo, es demasiado caro
It takes time, but the results are worth the effort	Lleva tiempo, pero los resultados valen la pena
My shoes are expensive	Mis zapatos son caros
The women's hats are expensive	Los sombreros de las mujeres son caros
Do you have cheaper cars?	¿Tienes autos más baratos?
She has eighty euros	Ella tiene ochenta euros
Friendship is a solid value	La amistad es un valor sólido
I have eleven euros in my pocket	Tengo once euros en mi bolsillo
That photo is worth millions	Esa foto vale millones
The left column is empty	La columna de la izquierda está vacía

He runs a company	Él dirige una compañía
My cousin is unemployed	Mi primo está desempleado
This sector is growing	Este sector está creciendo
Do you have cash?	¿Tienes efectivo?
This rate is above the national rate	Esta tasa es superior a la tasa nacional
I have ten different companies	Tengo diez compañías diferentes
The table contains four columns and eight rows	La tabla contiene cuatro columnas y ocho filas
It is a French company	Es una empresa francesa
Production and consumption are sharply increasing	La producción y el consumo están aumentando drásticamente
The figures are in this column	Las figuras están en esta columna

STORY MODE

SPANISH

Senor. Harcourt : "Aquí está su dinero, mantenga el cambio".

Alessia : "Gracias, Sr. Harcourt, es bastante generoso, pero

excede mi costo inicial".

Senor. Harcourt : "No se preocupe, me encantó su trabajo y vi su automóvil afuera, en esta economía, necesitamos toda la ayuda que podamos, considérela un pequeño préstamo".

Alessia : "Estoy muy agradecido, señor, sabía que era una inversión importante para usted y tuve que dar lo mejor de mí".

Senor. Harcourt : "Lo sé, es por eso que tengo otro trabajo para ti, si estás interesado".

Alessia : "Todo para el jefe, soy todo oídos".

Senor. Harcourt : "Todos los detalles están en este archivo: la habitación está en alquiler, el producto está a la venta y los precios están indicados en la factura, lo que acabo de pagar es el salario ofrecido si acepta el trabajo".

Alessia : "Gracias por la oferta, señor, pero es demasiado para mí, y no estoy seguro de poder manejar tres trabajos, pero tengo un primo que a menudo está desempleado y actualmente trabaja en una fábrica cerca de la ciudad".

ENGLISH

Mr. Harcourt: "Here is your money, keep the change."

Alessia: "Thank you, Mr. Harcourt, it's quite generous, but

it exceeds my initial cost."

Mr. Harcourt: "Do not bother, I loved your job and I saw your car outside, in this economy, we need all the help we can, consider it a small loan."

Alessia: "I am very grateful, sir, I knew it was an important investment for you and I had to give the best of myself."

Mr. Harcourt: "I know, that's why I have another job for you, if you're interested."

Alessia: "Everything for the boss, I'm all ears."

Mr. Harcourt: "All the details are in this file: the room is for rent, the product is for sale and the prices are indicated on the invoice, what I just paid you is the salary offered if you accept work."

Alessia: "Thank you for the offer sir, but it's too much for me, and I'm not sure I can handle three jobs, but I have a cousin who is often unemployed. He is currently working in a factory near the city."

Chapter 16

SPORTS

Keywords: Huelga, pelota, estadios, deporte, equipos, gimnasio, campeón, correr, jugador, nadar, golf, entrenador, gol, ocio.

The ball	La pelota
The player	El jugador
The goal	La meta
The sport	El deporte
The teams	Los equipos
A team	Un equipo
A bicycle	Una bicicleta
Dance	Baile
I hit the ball	Golpeé la pelota
Do not go to the stadium tonight	No vayas al estadio esta noche
They like running	Les gusta correr
She hits the red ball	Ella golpea la bola roja
I like sports	me gustan los deportes
Our daughter takes dance lessons	Nuestra hija toma clases de baile
I am at the stadium	Estoy en el estadio
It is a ball	Es un balon
He lets us swim	Él nos deja nadar
He is playing soccer	Él está jugando fútbol
My friend lets her son run	Mi amiga deja que su hijo corra
He is champion of France	Él es campeón de Francia
The bicycles are new	Las bicicletas son nuevas
All the players were there	Todos los jugadores estaban allí
This team has good players	Este equipo tiene buenos jugadores

My brother is using that bicycle	Mi hermano está usando esa bicicleta
Is he a bad player?	¿Es un mal jugador?
Alessia knows how to swim	Alessia sabe nadar

TRAINING TIME

His father does not play golf	Su padre no juega al golf
They play in the gymnasium	Juegan en el gimnasio
The match has been easy	El partido ha sido fácil
You do not play tennis?	Usted no juega tenis?
We lost the competition	Perdimos la competencia
What are your hobbies?	¿Cuáles son tus aficiones?
It is a football	Es un futbol
Watching birds is a nice hobby	Ver pájaros es un buen pasatiempo
He has the ball	Él tiene la pelota
Are they at the gym?	¿Están en el gimnasio?
He plays golf	El juega golf
I went for a walk	fui a dar un paseo
I am impossible to beat	Soy imposible de vencer
They have scored a goal	Han marcado un gol
I have to throw the ball	Tengo que lanzar la pelota
I am your coach	Yo soy tu entrenador
Nice shot	Buen tiro

STORY MODE

SPANISH

Alex : "Hola Quentin, cómo estás hoy, te ves muy animado".

Quentin : "No está nada mal, estoy muy emocionado por el juego, no puedo esperar para el puntapié inicial, ¿y tú?"

Alex : "En realidad, no sé nada de fútbol, solo conozco a Messi y Ronaldo, el único deporte de pelota que puedo jugar es el golf, y estoy tratando de obtener un hobby extra viniendo aquí hoy".

Quentin : "Es increíble, nunca lo hubiera adivinado, por cierto, ¿cómo estás en forma? Nunca te he visto en el gimnasio".

Alex : "Es fácil, en estos días, voy a la escuela con mi bicicleta en lugar de mi coche. También nado, corro y camino por la noche cuando hace buen tiempo".

Quentin : "Ya veo. Bueno, si alguien pregunta, Francia es el actual campeón mundial de fútbol, y este estadio se llama Allianz Arena.

Además, el partido se desarrolla entre dos equipos, Bayern Munich y Borussia Dortmund. Apoyamos al Bayern. Ellos son los rojos".

Alex : "¿El otro equipo es bueno?"

Quentin : "Son realmente difíciles de superar, gracias a su nuevo entrenador y sus nuevas tácticas".

ENGLISH

Alex: "Hello Quentin, how are you today, you look very lively."

Quentin: "Not bad actually, I'm very excited for the match, I can not wait for the kickoff, and you?"

Alex: "In truth, I do not know anything about football, I only know Messi and Ronaldo, the only ball sport I can play is golf, and I'm just trying to get an extra hobby by coming here today."

Quentin: "It's surprising, I never would have guessed, by the way, how are you in shape? I've never seen you at the gym."

Alex: "It's easy, these days, I go to school with my bike instead of my car, I swim, I run and I walk in the evening when the weather is nice."

Quentin: "I see, if anyone asks, France is the current world champion of football, and this stadium is called the Allianz Arena.

In addition, the match takes place between two teams, Bayern Munich and Borussia Dortmund. We will support Bayern. They are the reds."

Alex: "Is the other team good?"

Quentin: "They are really hard to beat, thanks to their new coach and their new tactics."

Chapter 17

SPIRITUALITY

Keywords: Espíritu, dioses, fantasmas.

The philosophy	La filosofía
The churches	Las iglesias
The holy spirit	El espíritu santo
Gods	Gallinero
My God!	¡Dios mío!
Is there life after death?	¿Hay vida después de la muerte?
You have a beautiful mind	Tienes una mente hermosa
She has no religion	Ella no tiene religión
I had faith	Tuve fe
Her soul is in heaven	Su alma está en el cielo
You are an angel	Eres un ángel
Thank God	Gracias a Dios
Nobody can avoid death	Nadie puede evitar la muerte
I have faith in you	Tengo fe en ti
What is your religion?	¿Cual es tu religion?
He is not religious	Él no es religioso
What can we hope for?	¿Qué podemos esperar?
Where is heaven?	¿Dónde está el cielo?
He is going to hell	Él va al infierno
She believes in ghosts	Ella cree en fantasmas
It is a holy object	Es un objeto sagrado
She will go to hell	Ella irá al infierno
It is the city of churches	Es la ciudad de las iglesias
It is a lovely church	Es una iglesia encantadora

STORY MODE

SPANISH

"Que su alma descanse en perfecta paz", dijo el predicador.

"Verán, mis queridos hermanos, no importa cuán inteligentes, fuertes, apuestos o ricos, la verdad es que todos enfrentaremos la muerte cuando llegue el momento.

La pregunta dominante entonces se convierte en '¿Dónde crees que terminarás después de la muerte?' Para aquellos de nosotros que pertenecemos a la religión cristiana, confiamos en la gracia de nuestro Señor y Salvador, Jesucristo.

Creemos que nos llevará al cielo cuando muramos, siempre que encarnemos sus valores celestiales, y guardemos los mandamientos de su padre, nuestro padre, Jehová. Otros creen en la reencarnación, o la idea de que volvemos a este mundo en otro cuerpo después de la muerte".

"¡Dios mío, Lucas, respetemos a los muertos, deje de jugar con su teléfono y escuche al predicador!", Dijo la anciana en un tono silencioso.

"Oh, Madame Valeria, estoy segura de que el fantasma del difunto no molestaría si revisara algunos correos electrónicos". Respondió Lucas, con los ojos todavía fijos en la pantalla del teléfono.

"Hablas como un pagano", dijo la señora Valeria.

ENGLISH

"May his soul rest in perfect peace." said the preacher.

"You see my dear brothers, no matter how intelligent, strong, handsome or rich, the truth is that we will all face death when our time comes.

The dominant question then becomes 'Where do you think you will end up after death?' For those of us who belong to the Christian religion, we trust in the grace of our Lord and Savior, Jesus Christ.

We believe he will lead us to heaven when we die, as long as we embody his heavenly values, and keep the commandments of his father, our father, Jehovah. Others believe in reincarnation, or the idea that we return to this world in another body after death."

"My God, Lucas, let's respect the dead, stop playing with your phone and listen to the preacher!" said the elderly lady in a silent tone.

"Oh, Madame Valeria, I'm sure the deceased's ghost would not bother me if I checked some emails." Lucas replied, his eyes still stuck on the phone screen.

"You speak like a pagan." said Madame Valeria.

Chapter 18

FLIRTING

Keywords: Encantador, calor, salir, modelo, gustaría.

What's your name?	¿Cuál es tu nombre?
I like you	me gustas
Are you a model?	¿Eres modelo?
You come here often?	¿Vienes aquí a menudo?
Do you want to dance with me?	¿Quieres bailar conmigo?
Are we going to your place or mine?	¿Vamos a tu lugar o al mío?
Hello! Prince Charming	¡Hola! Príncipe Encantador
Do you want to go out with me?	¿Quieres salir conmigo?
Can I buy you a drink?	¿Puedo invitarte una copa?
Would you like to go get a drink?	¿Te gustaría ir a tomar algo?
Hello beautiful	Hola hermoso
Is it hot in here, or is that just you?	¿Hace calor aquí o solo eres tú?

TRAINING TIME

STORY MODE

SPANISH

Niko : "Me gusta cómo te pones este vestido, ¿eres modelo?"

Lisa : "Desafortunadamente, no, pero puedo ser un modelo si lo prefieres".

Niko : "Creo que ya me gustas".

Lisa : "Gracias, creo que también me gustas".

Niko : "Eso es genial, ¿así que te puedo comprar una bebida?"

Lisa : "Por supuesto, ve por ello".

* Se ordenan dos vasos de tequila *

Niko : "¿Cuál es tu nombre?"

Lisa : "Lisa".

Niko : "Encantada de conocerte Elizabeth, ¿vienes aquí a menudo?"

Lisa : "En realidad no, y en realidad es Melissa o Melissande en su totalidad, pero estoy bien, supongo".

Niko : "Perdona mi error ... Creo que estaba confundido por tu hermosa sonrisa. ¿Quieres bailar conmigo, Lisa?"

Lisa : "Lo haría, pero no soy realmente una gran bailarina, y el hip hop no es realmente mi tipo de música. Me gusta la música electrónica".

Niko : "No es un problema, tampoco puedo bailar, pero si estás listo para salir conmigo el próximo sábado, podemos asistir a un concierto de Calvin Harris juntos, tengo dos boletos".

ENGLISH

Niko: "I like the way this dress looks on you, are you a model?"

Lisa: "Unfortunately, no, but I can be a model if you prefer."

Niko: "I think I already like you."

Lisa: "Thanks, I think I like you too."

Niko: "That's great, can I buy you a drink then?"

Lisa: "Of course, go for it."

* Two glasses of tequila are ordered *

Niko: "So what's your name?"

Lisa: "Lisa."

Niko: "Nice to meet you Elizabeth, do you come here often?"

Lisa: "Not really, and its really Melissa or Melissande in full, but I'm fine, I guess."

Niko: "Forgive my mistake ... Maybe I was just confused by your beautiful smile, do you want to dance with me Lisa?"

Lisa: "I would, but I'm not really a great dancer, and hip hop is not really my kind of music, I like electronic music."

Niko: "It's not a problem, I can not dance either, but if you're ready to go out with me next Saturday, we can attend a Calvin Harris concert together, I have two tickets."

Chapter 19

IDIOMS

Keywords: Huevos, siempre, salva, cosas, debe, ellos, dos, ir, no, rescatar, cada uno, es, tener, en, nacer, necesitar.

Nothing lasts forever	Nada dura para siempre
Easy come, easy go	Lo que fácil viene, fácil se va
Did not even hurt me	Ni siquiera me lastimó
Out of sight, out of mind	Fuera de la vista, fuera de la mente
The grass is always greener on the other side	La hierba siempre es más verde en el otro lado
She is going to win with her fingers in her nose	Ella va a ganar con los dedos en la nariz
This child does not know how to hold his tongue	Este niño no sabe cómo sostener su lengua
Not too much wine, only a drop please	No demasiado vino, solo una gota por favor
On again, Off again	De nuevo prendido, de nuevo apagado
Run for your life	Corre por tu vida
When in Rome, do as the Romans do	Cuando fueres haz lo que vieres
All good things come to an end	Todo lo bueno acaba

The early bird catches the worm	El pájaro temprano atrapa al gusano
Every little bit helps	Cada poquito ayuda
Beggars cant be choosers	Los mendigos no pueden elegir
Haste makes waste	La prisa es un desperdicio
There are some nice things to eat, if you feel like it	Hay algunas cosas buenas para comer, si te apetece
You only live once	Solo se vive una vez
Help	Ayuda
The walls have ears	Las paredes tienen orejas
To each his own	A cada uno lo suyo
Over my dead body	Sobre mi cadaver
Let us not split hairs	No separemos los pelos
That car costs an arm and a leg	Ese auto cuesta un brazo y una pierna
Dogs do not have cats	Los perros no tienen gatos
You can't eat your cake and have it too	No puedes comer tu pastel y tenerlo también

TRAINING TIME

"Amor a primera vista"

STORY MODE

SPANISH

Pietr: "Hola".

Mina: "Hola, ¿cómo está tu día?"

Pietr: "Muy bien, ¿qué estás leyendo?"

Mina: "Esta es una lista de mis diez idiomas favoritos, sin ningún orden en particular".

1. "Nadie le dice a un ciego que está lloviendo".

2. "Cuando el gato está fuera, los ratones jugarán".

3. "Hacer heno mientras el sol está brillando".

4. "Aquellos que necesitan bebés, no se van a dormir con los pantalones".

5. "Las moscas estúpidas se entierran con el cadáver".

6. "Temprano a la cama, temprano para despertar".

7. "Cuando estés en España, haz lo que hacen los españoles".

8. "Solo vivimos una vez".

9. "La esperanza es eterna".

10. "Todas las cosas buenas llegan a su fin".

ENGLISH

Pietr: "Hi."

Mina: "Hi, how's your day?"

Pietr: "Pretty good. What are you reading?"

Mina: "This is a list of my top ten favorite idioms, in no particular order."

1. "Nobody tells a blind man that it's raining."

2. "When the cat is out, the mice will play."

3. "Make hay while the sun is shining."

4. "Those who need babies, will not go to sleep with socks."

5. "Stupid flies are buried with the corpse."

6. "At the beginning of the bed, early to go up."

7. "When in France, do as the French do."

8. "We only live once."

9. "Hope is eternal."

10. "All good things come to an end."

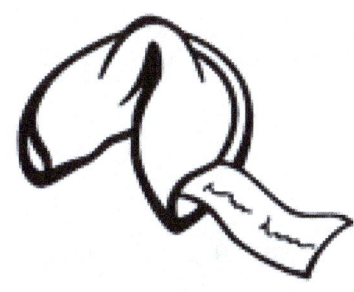

END OF BOOK TWO

For the complete experience, please get the other books in the series.

#THESIMPLEWAYTOLEARNSPANISH

For updates on the next book, or if you'd just like to discuss this one, we're available on twitter as the @BadCreativ3, and on facebook www.facebook.com/BadCreativ3

OTHER BADCREATIVE BOOKS

The Simple Way To Learn French

The Simple Way To Learn Spanish

The Simple Way To Learn Portoguese

Thank you for reading, and we hope you would be kind enough to give us a review on our amazon page.